Human Capital Reporting & Disclosure

戦略的
人的資本
の開示
運用の実務

**必須知識の体系的整理と
実戦的戦略策定ガイド**

一般社団法人
HRテクノロジーコンソーシアム
[編]

日本能率協会マネジメントセンター

はじめに

　2022年5月に、本書の前編にあたる『経営戦略としての人的資本開示』を上梓した。そのまえがきにおいて、2022年を日本における「人的資本開示」元年として位置付けた。その理由は明白で、岸田内閣が掲げる「新しい資本主義」実現のための〝一丁目一番地〟の政策として、「人への投資」と「（人的資本を含む）非財務情報の開示ルール策定」が掲げられていたからである。その実現を促すため、内閣官房が満を持して2022年8月に新しい資本主義実現のための最重要施策として、「人的資本可視化指針」を公表した。

　そして、2022年秋以降、金融商品取引法の改正が行われ、一般市場に上場するすべての上場企業は、〝非財務情報〟の人的資本と多様性の取組みについて開示義務を負うこととなる。

　この「新しい資本主義」の胎動は、2000年代初頭に国際連合が提唱した「持続可能な社会」を実現するための持続可能目標である「SDGs（Sustainable Development Goals）」から始まった。政財界のリーダーたちは経済・社会の構造を変えるためにさまざまな行動を積極化してきた。その中でも、世界の投資家のリーダーたちは、その運用資金の大きさを背景とした自らの影響力の大きさを自覚し、持続可能な社会と経済の実現のために〝責任投資原則（＝ Principle of Responsible Investment）〟をまとめた。この投資原則は、〝ESG（Environment Social Governance）〟要素を重視する、という際立った特徴があり、2021年時点で世界で120兆ドルを超える資金（＝ESGマネー）が運用されている。

　世界の投資家が注目するESG要素のうち、とくに関心が高まっているのが本書のテーマの人的資本を含む「S」である。人的資本に関する情報は未来の企業価値を算出するうえで極めて重要とされ、国際標準化

機構（ISO）を含む多くの国際団体が情報開示ルールの充実強化を提唱している。

　このような背景の下、日本において「人的資本開示」の質と量の競い合いがついにスタートした。本書は、主として、
- これから「人的資本開示」に本格的に取り組む上場企業
- 1〜2年後に株式上場を目指す成長企業

に向けて、"実践"に役に立つ情報を体系的に整理した。

本書は、前著『経営戦略としての人的資本開示』と比較して、以下の5つの特徴がある。

1）2022年に整備された"日本版"人的資本開示ルールを正面から取り上げ、徹底した解説を加えた（第1章、第5章）
2）投資家向け情報開示で先行するESG情報開示や人的資本開示の国際標準ガイドライン"ISO 30414"における投資家の関心のありかを探り、日本における人的資本開示のあるべき姿の示唆を行った（第2章、第4章）。
3）社会価値（人的資本）に対する投資家の関心のありかと、会計の動向を整理した。また、投資家から見る社会価値（人的資本）の評価のあり方で注目を集めるインパクト測定について、事例を交えて概括した（第3章）。
4）進化が著しいHRテクノロジーを活用した人的資本経営と開示戦略の実現に向けた経営基盤整備の進め方と、実践に役立つ情報をふんだんに盛り込んだ（第6章）。
5）企業価値の向上につなげるための人的資本開示のあり方について、東京大学大学院による学術的アプローチを追求した（第7章）。

　本書の読者層は、上場企業／上場を目指す企業の経営者のほか、人事部門、ESG情報開示／IR部門、経営企画部門、情報システム部門他の実務担当者を想定している。

　本書の読み進め方としては、第1章から順番に読み進めていただいてもよいし、読者の関心のありかに沿って、上述した5つの特徴を参考にしながら、読者の関心が高い章から読み進めていただいてもよい。

　これから数年後には、人的資本開示を積極的に行う企業と、受け身で必要最小限の取組みしか実行しない企業との間で、企業価値そのものに大きな差がつくこととなる。

　企業価値向上のために人的資本開示に積極的に取り組む読者の皆さんにとって、本書の内容が微力ながらも一助となることができるならば、執筆者一同にとって望外の喜びである。

2022年10月　執筆者一同を代表して

　　　　　　　　　　　一般社団法人HRテクノロジーコンソーシアム
　　　　　　　　　　　　　　　代表理事　香川 憲昭

第3章　投資家が注目する人的資本開示のポイント

第 **2** 部　人的資本開示の実務

第 **4** 章　国際標準 ISO 30414 への対応

第 **5** 章　開示する情報と開示上のポイント

第 **6** 章 ┃ **開示に向けての実践的アプローチ**

第 **7** 章　**人的資本開示情報の分析**

事例編

第 **1** 部

企業価値向上のための
人的資本の開示

第 **1** 章

日本版人的資本開示を
進める背景

1 | 開示ルール整備までの道のり

■ 先行する欧米の動向

　EUや米国で上場企業に原則主義で人的資本開示が求められていることから、欧州企業や米国企業の人的資本開示が加速している。統合報告書やサステナビリティレポートの中で人的資本開示をする企業も多いが、直近は人的資本だけを独立させて人的資本報告書として開示する企業が急増している。

　日本でも人的資本報告書を開示する事例が出てきており、2022年3月にリンクアンドモチベーショングループがISO 30414認証を取得した人的資本報告書を開示し、スタートアップ企業のJPYCが2022年5月に人的資本報告書を開示している。

　以下は、すでに開示された人的資本報告書の例である。

[ISO 30414認証を取得した人的資本報告書]
1．ドイツ銀行：「Human Resources Report 2021」
2．DWS（ドイチェ・アセット・マネジメント）：「DWS Human Capital」
3．アリアンツ：「People Fact Book 2021」
4．インフィニオン・テクノロジーズ：「HR Report 2021」
5．Digital Future Group：「Human Capital Report」
6．リンクアンドモチベーショングループ：「Human Capital Report 2021」

[ISO 30414認証未取得の人的資本報告書]
1．ドイツテレコム：「HR Factbook 2021」

2．チューリッヒ・インシュアランス・グループ；「HR Factbook」
3．サーコグループ：「People Report 2021」
4．ロイズ・オブ・ロンドン：「Human Capital Report」
5．バンク・オブ・アメリカ：「2021 Human Capital Management Update」
6．ゴールドマン・サックス：「People Strategy Report」
7．マンパワーグループ：「Human Capital」
8．ベライゾン・コミュニケーションズ：「Human Capital Report」
9．セラニーズ：「2021 Human Capital Report」
10．フィリップス66：「Human Capital Management 2021 Report」
11．コノコフィリップス：「Human Capital Management Report」
12．FTIコンサルティング：「Human Capital Report 2021」
13．ユニオン・パシフィック鉄道：「2021 Human Capital Report」
14．JPYC：「人的資本レポート」

米国ではさらに「Workforce Investment Disclosure Act（WIDA）of 2021」という法案がアメリカ合衆国第117議会（2021年1月3日～2023年1月3日）で審議されている。日本語にすると「ワークフォース[1]投資開示法案」であり、人的資本投資についてすべての上場企業に以下のA～Hの8つの人的資本領域での開示が求められることになる。

A．ワークフォースデモグラフィック情報（Workforce demographic information）
B．ワークフォース安定性情報（Workforce stability information）
C．ワークフォースの組成（Workforce composition）

---

[1] ワークフォース＝Internal workforce（従業員）＋ External workforce（外部労働力）

D．ワークフォースのスキル・ケイパビリティ（Workforce skills and capabilities）

E．ワークフォースの健康、安全、ウェルビーイング（Workforce health, safety and well-being）

F．ワークフォースに対する報酬・インセンティブ（Workforce compensation and incentives）

G．ワークフォースの採用、ニーズ（Workforce recruiting and needs）

H．ワークフォースエンゲージメント、生産性（Workforce engagement and productivity）

　本法案はISO 30414を参考に策定されている。ISO 30414では、外部報告のメトリック（測定基準）として23個が示されている。WIDAのA〜HとISO 30414の対応を**図表1-1**に示す。

■ **日本の政策の推移**

　日本も、欧米の動きに後れまいと、2021年より人的資本開示の政策の議論が加速した。2021年6月18日に閣議決定された「成長戦略フォローアップ」に「人的資本の『見える化』の推進」が明記され、2021年11月8日の「新しい資本主義実現会議」の緊急提言で「人的資本への投資の強化」について提言がなされた。

　この提言を受けて、2021年2月1日に内閣官房が「非財務情報可視化研究会」を開始し、人的資本等の非財務情報の開示指針の議論が始まった。

　並行して、2022年2月18日に金融庁が金融審議会「ディスクロージャー・ワーキンググループ」で四半期開示における人的資本を含む非財務情報の開示についての議論を開始した。

図表1-1	Workforce Investment Disclosure Act of 2021で示されている開示メトリックとISO 30414の外部報告メトリックとの対応

WIDA	人的資本領域	ISO 30414	
			外部報告の人的資本メトリック
A	ワークフォース	1	従業員数
		2	従業員のフルタイム換算数
B	離職	3	離職率
C	ダイバーシティ	4	ダイバーシティ：年齢
		5	ダイバーシティ：ジェンダー
		6	ダイバーシティ：障がい
		7	ダイバーシティ：その他
		8	リーダーシップチームのダイバーシティ
D	スキル、ケイパビリティ	9	開発・トレーニングの総コスト
E	健康、安全、ウェルビーイング	10	けが等によって失った時間
		11	労務災害の数
		12	労働事故による死者数
	コンプライアンス、倫理	13	申し立てられた苦情の数とタイプ
		14	懲戒処分の数とタイプ
		15	コンプライアンス、倫理に関するトレーニングを受講した従業員の比率
F	コスト	16	ワークフォースの総コスト
G	採用	17	空きポジションを埋めるまでの平均時間
		18	空きクリティカルポジションを埋めるまでの平均時間
	異動	19	内部人材で埋められるポジションの比率
		20	内部人材で埋められるクリティカルポジションの比率
H	リーダーシップ	21	リーダーシップへの信用
	生産性	22	一人当たり売上高/利益等
		23	人的資本ROI

出所：Workforce Investment Disclosure Act of 2021 およびISO 30414より筆者翻訳・作成

□ディスクロージャーワーキング・グループでは、昨今の経済社会情勢の変化を踏まえ、非財務情報開示の充実と開示の効率化等についての審議を実施。これまでの審議に基づき、以下の内容を取りまとめ

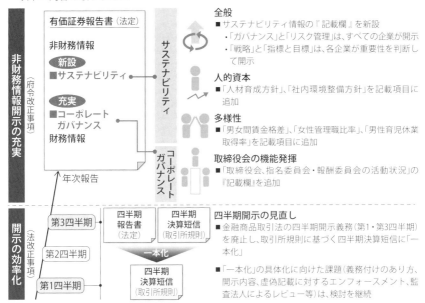

全般
- サステナビリティ情報の『記載欄』を新設
  - 「ガバナンス」と「リスク管理」は、すべての企業が開示
  - 「戦略」と「指標と目標」は、各企業が重要性を判断して開示

人的資本
- 「人材育成方針」、「社内環境整備方針」を記載項目に追加

多様性
- 「男女間賃金格差」、「女性管理職比率」、「男性育児休業取得率」を記載項目に追加

取締役会の機能発揮
- 「取締役会、指名委員会・報酬委員会の活動状況」の『記載欄』を追加

四半期開示の見直し
- 金融商品取引法の四半期開示義務（第1・第3四半期）を廃止し、取引所規則に基づく四半期決算短信に「一本化」
- 「一本化」の具体化に向けた課題（義務付けのあり方、開示内容、虚偽記載に対するエンフォースメント、監査法人によるレビュー等）は、検討を継続

出所：金融庁金融審議会「ディスクロージャーワーキング・グループ報告」―中長期的な企業価値向上につながる資本市場の構築に向けて―概要

　これらの会合での議論を受けて、2022年6月7日に閣議決定された「新しい資本主義のグランドデザイン及び実行計画」において「人的資本等の非財務情報の株式市場への開示強化と指針整備」が明記された。

　金融庁は、2022年5月23日に開催した金融審議会「ディスクロージャーワーキング・グループ（第9回）」で「金融審議会ディスクロージャーワーキング・グループ報告（案）」を公表し、人的資本開示のルールの案を示した（**図表1-2**）。

　非財務情報開示においてサステナビリティ情報の『記載欄』を新設し、

図表1-3 内閣官房が示す開示事項の階層（イメージ）

開示事項の例																		
育成			エンゲージメント	流動性			ダイバーシティ			健康・安全				労働慣行				コンプライアンス／倫理
リーダーシップ	育成	スキル／経験		採用	維持	サクセッション	ダイバーシティ	非差別	育児休暇	精神的健康	身体的健康	安全		労働慣行	児童労働／強制労働	賃金の公正性	福利厚生	組合との関係	

「価値向上」の観点

「リスク」マネジメントの観点

出所：内閣官房非財務情報可視化研究会「人的資本可視化指針」28ページ

人的資本については、「人材育成方針」「社内環境整備方針」を記載項目に追加し、多様性については「男女間賃金格差」「女性管理職比率」「男性育児休業取得率」を記載項目に追加することが、早ければ2023年3月期より、有価証券報告書において記載することが義務化される。

　内閣官房は、2022年2月1日から6月20日までの間に6回の「非財務情報可視化研究会」を開催した。そして、2022年8月に「人的資本可視化指針」を公表した。

　「人的資本可視化指針」では、**図表1-3**に示す19の開示事項が示されている。

2 日本版人的資本開示ルールで際立つ３つの特徴

■ 内閣官房「人的資本可視化指針」の狙い

内閣官房非財務情報可視化研究会より2022年8月に公表された「人的資本可視化指針」は、グローバル金融市場から日本企業に多くのESG投資マネーを呼び込もうとする戦略的意図を感じさせる内容となっている。

併せて、地盤沈下を続けている産業レベルでの国際競争力の低下を食い止め、V字回復させる切り札の1つとして"人への投資"を通じて、無形資産比率を高めて人的資本経営レベルを一気に引き上げようとする強い意志が込められている。その際立つ特徴について、3点指摘しておこう。

(1)グローバル・スタンダード（ISO 30414）にアライン

今回、任意開示項目として具体的に例示された19項目は、そのほとんどがISO 30414と重複している。

2019年以前に国際団体が定めた人的資本開示のガイドラインと異なり、ISO 30414は多くの項目において"攻め"の要素、すなわち"企業価値"向上につながる開示項目が多く含まれている。

日本版の任意開示項目においても、企業価値向上につながる項目として、「育成」「エンゲージメント」「流動性」「ダイバーシティ」が盛り込まれており、海外投資家に対して"攻め"の人的資本開示を行うべきである、というメッセージが指針に込められている。

(2)日本企業の"独自性"を強く意識

そもそも日本の労働市場は、海外労働市場と比較して労働慣行、労働

法制等の面で独自性が強い。

　一方、人的資本開示のグローバル・スタンダードは海外労働市場の特性を反映して作られている。そのため日本の企業は、人材戦略を ESG 要素を重視する海外投資家に対して説明していくにあたり、日本の労働市場の特性を踏まえながら自社固有の"独自性"の強い項目について積極的にアピールしていく必要があろう。

　たとえば、日本独特の新卒一括採用という労働慣行の下、日本企業は比較的長い時間をかけて人材育成に取り組む。同期入社組には強い絆が生まれ離職率も低いため、経営者の後継者を長期安定的に確保している、という企業は多い。そのような日本企業は、海外投資家が組織の持続可能性を判断するうえでの重要指標となる「後継者有効率（Succession Effectiveness Rate）」が、海外企業と比べて高い数値となり、高い評価につながる、ということが考えられる。

(3)"比較可能性"のある指標の開示を強く推奨

　複数の国際的な開示基準に共通して設定されている比較可能な項目は、とくに投資家の関心が強い。それはなぜなら、投資検討に際して企業間比較を行ううえで、重要な数値情報と位置付けられているからである。逆に言えば、比較可能性のある指標の開示を行わない企業は、自ら投資家に対して投資のうえで必要な判断材料を提供してくれない会社だ、と見做されてしまうことになることを意味する。

　そのような投資家が重要視する"複数の国際基準で共通設定"されている指標を例示すると、**図表1-4**のとおりである。

大分類	複数基準で共通設定される開示事項	開示を定めている国際基準 (注1)	日本の開示規制 (注2)
人材育成	研修時間	ISO 30414、WEF、GRI	法定開示対象 ・人材育成方針
	研修費用	ISO 30414	
エンゲージメント	エンゲージメント	ISO 30414、SASB	制度開示・準制度開示対象
流動性	離職率	ISO 30414、SASB、GRI	制度開示・準制度開示対象
ダイバーシティ	属性別の社員・経営層の比率	ISO30414、WEF、SASB、GRI	法定開示義務 ・女性管理職比率
	男女間の賃金差異	WEF、GRI	法定開示義務 ・男女間賃金差異
	役員報酬額等	WEF、GRI	法定開示義務 ・報酬総額等
健康・安全に関連する開示事項	労働災害の発生件数・割合、死亡数等	ISO 30414、WEF、SASB、GRI	法定開示対象 ・社内環境整備方針
コンプライアンス・労働慣行	人権レビュー等の対象事業所数・割合他5項目 (注3)	ISO 30414、WEF、SASB、GRI	

出所：内閣官房非財務情報可視化研究会「人的資本可視化指針」をもとに筆者作成

（注1）　人的資本関連の開示事項を定めている国際団体の正式名称
　　　・ISO 30414　：国際標準化機構
　　　・WEF　　　：World Economic Forum
　　　・SASB　　 ：Sustainability Accounting Standards Board
　　　・GRI　　　 ：Global Reporting Initiative
（注2）　法定開示対象：金商法上の有価証券報告書において、人材育成方針と社内環境整備方針について、方針と整合的で測定可能な指標、その目標・進捗状況と併せて開示する対象事項。また、その他、女性活躍推進法、労働施策総合推進法、育児介護休業法、次世代育成支援対策推進法。
　　　　法定開示義務：金商法上の有価証券報告書において、数値記載義務となっている。
　　　　制度開示・準制度開示対象：有価証券報告書での開示又はコーポレートガバナンスコードでの開示対象となっている。
（注3）　他の5項目は以下の通り。
　　　　1）差別事例の件数・対応措置、2）団体交渉協定の対象となる社員割合、3）コンプライアンスや人権等の研修を受けた社員割合、4）児童労働・強制労働に関する説明、5）結社の自由や団体交渉等に関する説明

3　日本版人的資本開示ルール整備の意義と法的位置付け

■「法定開示」と「任意開示」の組み合わせ

　資本主義のありようがこの10年超で大きく変化している。従来は、"経済価値"の創出こそが資本主義の目的／ゴールとされていた。しかるに、気候変動起因の大災害が頻発する中で、"この世界／人間社会は果たして持続可能か、このままだと人類社会全体が崩れていくことになる！"という強い危機感を持ったESG投資家たちが、経済価値重視のこれまでのありように疑問を呈するようになった。そして、彼らは、経済価値創造に加え、"社会価値"の創造に向けた取組みを企業経営者に問う姿勢を強めている。

　岸田内閣は、そのような資本主義の変容を敏感に察知し、いち早く"新しい資本主義"を経済政策の柱として掲げ、成長と分配の好循環を生み出そうとしている。今回の日本版人的資本開示ルールは、筆者の予想をはるかに上回るスピードで2022年初頭より内閣官房非財務情報可視化研究会および金融審議会ディスクロージャーワーキング・グループにおいて議論が進められ、「法定開示」と「任意開示」の2つからなる"世界初"の組み合わせによって、詳細な法令等の改正が行われることとなった。本ルール整備によって、人的資本経営を基軸とした「非財務であるが重要な情報」を見える化し、ESG投資家との対話を増やし、日本企業の組織的な強靭さを再認識してもらうことでグローバル資本市場から投資マネーを日本市場に呼び込んでいくことを狙っている。そして、日本企業の経営者に対しては、"経済価値"に加えて、"社会課題"を解決して新しい価値を創造するような取組みの推進を促そうとしている。

　では次に、今回のルール整備の法律体系について説明しよう。今回の法令等の改正が画期的なのは、2つのポイントがある。

1つめのポイントは、法令等改正を公表後、施行までのスピードの速さである。通常は、法令改正が国会で決議されたら、公布、すなわち国民への周知のための一定の期間がセットされた後、実際に効力を生じる（＝施行）流れが通例である。

　たとえば、働き方改革関連法が成立した後、施行までは一定の期間がセットされた。それが今回は、法令改正後、スピーディーに施行された。このようなイレギュラーな対応からも、政権がいかに本テーマに意欲的に取り組もうとしているか、が推察される。

　そして、2つめのポイントは、「人的資本開示」という1つのテーマに対して、合計で以下の5つの法令規則が関わっている、というカバー範囲の広さである。

　企業の経済活動に関する法令規制として、
　①金融商品取引法
　②東京証券取引所規則
　の2つが定められている。

　また、労働者保護を目的とする労働関連法制、福祉・厚生では、
　③女性活躍推進法
　④育児介護休業法
　⑤次世代育成支援対策推進法
　の3つである。

　そもそも、日本法とは、憲法を頂点として日本社会の秩序を形成する社会ルールである。今回の法改正によって、新しい秩序／社会ルールが形成されることになる。

　この意味合いを、経営者はどう捉えるべきか。たとえば、①金融商品取引法において有価証券報告書上で新たな記載義務となった「多様性」の法定開示項目をどう捉えるべきか、を考えてみよう。

　これまでの有報開示ルールでは、財務情報、すなわち売上、営業利益、経常利益等を記載し開示する義務があったため、多くの上場企業の経営者は「売上」や「経常利益」を経営上、最重要視する数値管理対象として捉えていた。これからは、売上、利益と横並びで「人的資本」と「多様性」に関連する3つの法定開示数値、すなわち「女性管理職比率」「男女間賃金差異」「報酬総額等」の改善を最重要視する必要がある、ということである。

　このように、今回の人的資本開示ルール整備に伴う法令改正によって、これまでの秩序、経営上の常識が大きく変わっていくこととなる。

4 | 人的資本開示が拓く未来の展望

■ 世界の開示基準づくりの動き

　人的資本開示の世界の開示基準づくりの動きは大きく2つに分けられる。1つは本書で何度も取り上げられているISO 30414からの動きであり、もう1つはESG情報開示からの動きである。

　ESGの中での人的資本開示は、ESGのS（Society：社会）の要素で、「人権を守っている」、「差別をしていない」などを示す開示と、G（Governance：ガバナンス）の要素で、経営者がコーポレートガバナンス・コードに準拠していることを示す開示である。

　日本のコーポレートガバナンス・コードは以下の基本原則からなっており、人的資本については、「適切な情報開示と透明性の確保」の補充原則として「人的資本や知的財産への投資等についても、自社の経営戦略・経営課題との整合性を意識しつつ分かりやすく具体的に情報を開示・提供すべきである」となっている。

- 株主の権利・平等性の確保
- 株主以外のステークホルダーとの適切な協働
- 適切な情報開示と透明性の確保
- 取締役会等の責務
- 株主との対話

　これまでのESG情報開示は、基本的には、マイナス面がないことを示すことが重視され、"マイナスをゼロにする"開示であるともいえる。

　一方で、ISO 30414で示される情報開示はマイナスをゼロにすることに加え、"ゼロをプラスにする"企業の持続的成長を示す要素が盛り込

まれている。

　これまでのESG情報開示では企業の持続的成長力を測れないということもあり、ESG情報開示のメトリックに企業の持続的成長を示す人的資本メトリックを加える動きが起こっている。2022年8月にさまざまなESG情報開示メトリックを開発する団体がIFRS財団（International Financial Reporting Standards Foundation：国際財務報告基準財団）に統合され、統合された団体の1つであるVRF（Value Reporting Foundation：価値報告財団）で2019年よりHuman Capital Project（人的資本プロジェクト）が実行されており、企業の持続的成長を示す人的資本メトリックの開発が進められている。

　また、世界経済フォーラム（World Economic Forum）が世界中のESG情報開示のメトリックを整理したうえで、ESG情報開示において開示すべきメトリックを提示している。**図表1-5**、**1-6**に世界経済フォーラムが提示する情報開示のメトリックを示す。

　21のコアメトリックと34の拡張メトリックでの開示を推奨しており、特筆すべきは、Eの要素に対応する「地球」という柱とSの要素に対応する「人」の柱とGに対応する「ガバナンス原則」に加え、「繁栄（持続的成長）」を表す柱が追加されていることである。「繁栄」の中には「雇用と富の創出」、「より良い製品・サービスのためのイノベーション」、「コミュニティと社会の活力」がテーマとして挙げられており、これらのテーマにおいて企業の能力を高めるための人的資本投資はどうあるべきかを理解することがより重要になってくるということでもある。

　これらの動きから、ISO 30414とESG情報開示の2つの流れが今後内容的には1つになっていくことが想像される。

図表1-5 世界経済フォーラムが示す情報開示のコアメトリック

	柱	テーマ	コアメトリック・開示
1	ガバナンス原則	ガバナンスのパーパス	設定したパーパス
2		ガバナンス機関の質	ガバナンス機関の構成
3		ステークホルダーエンゲージメント	ステークホルダーにインパクトを与える重要課題
4		倫理的行動	腐敗行為防止
5			保護された倫理的助言と報告の仕組み
6		リスクと機会の監視	リスクと機会をビジネスプロセスに統合
7	地球	気候変動	温室効果ガスの排出
8			TCFDの実装
9		自然喪失	土地利用と生態学的な感度
10		新鮮な水の利用可能性	水ストレス地域における淡水の使用量と取水量
11	人	尊厳と平等	ダイバーシティ、エクイティ、インクルージョン（%）
12			賃金の公平性（%）
13			賃金水準（%）
14			児童労働、強制労働のリスク
15		健康とウェルビーイング	健康、安全（%）
16		将来に向けたスキル	提供された研修（#, $）
17	繁栄	雇用と富の創出	雇用絶対数と雇用率
18			経済的貢献
19			金融投資への貢献
20		より良い製品・サービスのためのイノベーション	研究開発の総費用（$）
21		コミュニティと社会の活力	支払われた税金の総額

出所：世界経済フォーラム（2020）「ステークホルダー資本主義の進捗の測定」を筆者和訳

	柱	テーマ	拡張メトリック・開示
			図表1-6　世界経済フォーラムが示す情報開示の拡張メトリック
1	ガバナンス原則	ガバナンスのパーパス	目的主導のマネジメント
2		ガバナンス機関の質	戦略的マイルストーンに対する進捗状況
3			報酬
4		倫理的行動	ロビー活動への戦略と方針の調整
5			非倫理的な行動による金銭的損失
6		リスクと機会の監視	資本配分の枠組みにおける経済的、環境的、社会的トピック
7	地球	気候変動	パリ協定に沿った温室効果ガス排出目標
8			温室効果ガス排出の影響
9		自然喪失	土地利用と生態学的な感度
10			土地利用と転換の影響
11		新鮮な水の利用可能性	淡水の消費と取水による影響
12		大気汚染	大気汚染
13			大気汚染の影響
14		水質汚染	栄養素
15			水質汚染の影響
16		固形廃棄物	使い捨てプラスチック
17			固形廃棄物処理の影響
18		資源の利用可能性	リソースの循環性
19	人	尊厳と平等	賃金格差（%, #）
20			差別、ハラスメント事件（#）と金銭的喪失の合計額（$）
21			結社の自由とリスクにおける団体交渉（%）
22			人権レビュー、苦情処理の影響、現代奴隷制（#, %）
23			生活賃金（%）
24		健康とウェルビーイング	仕事関連の事件が組織に与える金銭的影響（#, $）
25			従業員ウェルビーイング（#, %）
26		将来に向けたスキル	埋められていないスキルを保有しているポジションの数（#, %）
27			研修の金銭的インパクトー研修介入の結果としての収益力の向上（%, $）

28	繁栄	雇用と富の創出	サポートされるインフラストラクチャーへの投資とサービス
29			重要な間接的な経済的影響
30		より良い製品・サービスのためのイノベーション	生み出された社会的価値（%）
31			活力指数
32		コミュニティと社会の活力	総社会的投資（$）
33			間接的税納付額
34			主要な事業所のある国ごとの納税総額

出所：世界経済フォーラム（2020）「ステークホルダー資本主義の進捗の測定」を筆者和訳

■ 投資家が求める人的資本開示

　筆者らがISO 30414に取り組み始めたのは2020年2月のことだったが、それ以降、機関投資家向けの講演が急増しており、講演では、機関投資家が求める人的資本開示についての議論をしている。さまざまな機関投資家と議論した印象として、大きくは以下の声が多い。

- 「人的資本開示は投資判断するためにとても重要であり、投資先には開示をどんどん求めていきたい。」
- 「企業の人材マネジメントのあり方について、投資先のCEOや経営者が定性的にしか話ができないのは不満である。すべてを定量化するのは難しいとは思うが、定量化できるものは最低限定量化して説明をしてほしい。ISO 30414が示す23の外部報告のメトリックぐらいは最低限開示してほしい。」
- 「データを元に、自社の持続的成長をドライブするKPIを明示してほしい。」
- 「KPIに対してどのような取組みをして、どのような効果が上がっているか、または、今後どのような効果が上がりそうか説明してほしい。」

　人的資本開示におけるデータ活用は世界的に急速に進んでいるところではあるが、まだ完全にデータだけで説明するのは難しいため、どうしても、補足説明が必要になる。そのためにナラティブ（相手が腹落ちする物語）を語る必要があり、自社の人材戦略をどの相手に対しても腹落ちしてもらうための経営者間の議論が重要になってくる。

　「企業は人なり」ということは日本でも随分以前から言われているが、「企業は人なり」の中身を変えていくことが求められる。皆さんの企業における「企業は人なり」はどういうことなのか是非深く考えていただくと、自ずから自社の人的資本経営のあり方が定まってくるだろう。持続的成長を実現する人的資本経営を進める企業が増えていくことを期待したい。

第 **2** 章

投資に活用されるための
ESG 情報開示

1 ESG情報開示の趨勢

■ 進むESG情報開示

否応無しのサステナビリティへの対応

ESG情報開示のガイドラインは2010年代後半から乱立していたが、2022年には欧州・米国を中心に全世界でも収斂され、基軸となる枠組みが整いつつある。国内外でも人的資本を含めてさまざまなサステナビリティの分野で開示義務化および事実上の開示が進行中であり、企業は対応に迫られている。

2010年代後半の日本では、まだESG情報開示は"任意"とされていて、東証一部上場企業（当時）の一部では整備を進めつつも、多くの上場企業では積極的な開示は行われていなかった。

これがグローバルの対応および開示の義務化の影響を受けて、国内ではESG情報開示の一部が義務化され、またコーポレートガバナンス・コード等で事実上の義務化が進み、以前よりも高いレベルの情報開示が求められるようになった。

当然、上場企業への規制が厳しくなると、そのサプライチェーンに入る非上場の中堅・中小企業にもサステナビリティ推進の波が押し寄せることになり、社会全体での機運は高まることが必至というのが現状だ。

2022年現在において、最も影響度が高いであろうESG情報開示ガイドラインが、国際会計基準のIFRS財団が取りまとめるISSB（国際サステナビリティ基準審議会）の開示フレームワークである。この枠組みの準備が最終段階に入っており、2023年には国際会計基準を導入している100カ国以上で、ESG情報開示ガイドラインとして活用が始まる。

欧州では、環境等の分類を示す「EUタクソノミー」やESG情報開示

の義務化指針の「CSRD（企業サステナビリティ報告指令）」などがある。米国では、SEC（米国証券取引委員会）が人的資本やESG情報開示の枠組みづくりを進めている。開示義務化はこのグローバルの3つの流れ

図表2-1　主なESG情報開示ガイドライン

■総合
- ISSBガイドライン（ISSB）
- IRフレームワーク（IIRC）
- SASBスタンダード（SASB）
- GRIスタンダード（GRI）
- ESGメトリクス（WEF）
- 価値協創のための統合的開示・対話ガイダンス（経済産業省）
- 統合思考原則（VRF）
- ESG情報の報告に関する企業向けモデルガイダンス（SSE、JPX訳）
- WICIインタンジブルズ報告フレームワーク（WICI）
- SDGsを企業報告に統合するための実践ガイド（国連など）
- SDGsに関するビジネス・レポーティングにおける投資家ニーズへの対応（国連など）
- CSRD-Corporate Sustainability Reporting Directive（EU）
- JPX-QUICK ESG課題解決集（JPXなど）
- ESG情報開示実践ハンドブック（JPX）
- ESG情報開示研究会 活動報告書2022（ESG情報開示研究会）
- 金融審議会 ディスクロージャーワーキング・グループ報告～中長期的な企業価値向上につながる資本市場の構築に向けて～（金融庁）
- サステナビリティ関連情報開示と企業価値創造の好循環に向けて「非財務情報の開示指針研究会」中間報告（経済産業省）

■課題別
- TCFDガイダンス（TCFD）
- CDSBフレームワーク（CDSB）
- コーポレートガバナンス・コード（JPX）
- 環境報告ガイドライン（環境省）
- TNFDフレームワーク（TNFD）
- CDP気候変動／水／森林（CDP）
- ISO 30414（ISO）
- 人的資本経営の実現に向けた検討会 報告書～人材版伊藤レポート2.0（経済産業省）
- 知財・無形資産の投資・活用戦略の開示およびガバナンスに関するガイドライン（首相官邸、内閣府）

に集約されつつある。

　ガイドライン乱立の時代から現在へ
　では、ここまでに至るESG情報開示ガイドラインの流れを振り返り
ながら、ガイドラインの意図を確認していく。
　ガイドラインで最も古いものの1つは、GRI（国際非財務報告イニシ
アティブ）という、ESG情報開示の枠組みづくりを行う非営利組織が
発行した「GRIガイドライン第1版」（2000年）である。GRIのガイド
ラインは世界で最も多くの企業に参照されており、最新版は「GRIスタ
ンダード」（2021年）となっている（日本語版は2022年内に発行予定）。
　2000年代はサステナビリティの概念が明確に定義されはじめた時期
であり、その後2010年代からは、とくに欧州を中心に新しいガイドラ
インが次々に生まれた。2010年代半ばからはその数が急増し、ガイド
ライン乱立時代の現在に至る。これにより、企業はいくつもあるガイド
ラインへの対応で疲弊することになったが、2020年代に入り、主要な
ガイドラインが統一・合併された。また、ISSB（国際サステナビリティ
基準審議会）のような最もグローバルスタンダードに近いものも生まれ、
ガイドラインは乱立時代から統一化へと世界は動いている。
　こうして開示ガイドラインが絞られていくことで、ようやく"開示の
ための開示"から、本質的なステークホルダーのための情報開示の時代
が始まったことになる。

　日本企業を取り巻く状況
　ここからは日本におけるESG情報開示ガイドラインを概括していく。
日本は「CSR元年」と言われた2003年、大手企業を中心に徐々にサス
テナビリティ活動が進み始め、現在のサステナビリティにつながる活動
と情報開示が始まった。当時は「環境・社会報告書」「CSR報告書」と

呼ばれる冊子の発行などによる、サステナビリティ推進活動の報告が中心だった。

2010 年代に入り日本でもガイドラインづくりが行われるようになり、2012 年に環境省から「環境報告ガイドライン」が発表され、大手製造業を中心に環境分野の情報開示の体系化が徐々に行われるようになった。

しかし 2010 年代前半では、環境関連の情報開示のなかで企業価値についての言及はほとんどなかった。これは投資家向けの視点がないことでもある。当時、これらの情報は投資家の参考程度にしかならず、企業としての説明責任を果たすだけの開示だったといえる。

そうした中、2013 年に IIRC（国際統合報告評議会）から統合報告書ガイドライン「IR フレームワーク」が発表された。また、2015 年には、気候変動に関する国際的枠組みである「パリ協定」や「SDGs（持続可能な開発目標）」が国家元首レベルの参加のもと採択され、日本でも上場企業を中心に欧米並みに環境分野の情報開示が広がっていった。同じ 2015 年に、運用規模が大きな GPIF（年金積立金管理運用独立行政法人）が社会的責任の投資イニシアティブである PRI（国連責任投資原則）に署名し、日本の投資家も ESG 投資を進める機運が盛り上がっていった。

2010 年代後半になると、官公庁や経済団体、日本取引所グループなどが情報開示の後押しをする活動を始め、経済産業省と金融庁が ESG 情報開示関連の研究会活動を推進させていく。そして、2020 年代に入ってからは本格的な法制化（開示義務化）を目指す活動も活発化した。

その流れにより 2023 年の各種法制化および施行へと進み、開示の一部が義務化される。

日本は CSR 元年から約 20 年が経過し、スタートダッシュは遅かったものの、2015 年以降からの企業による急速なサステナビリティへの取組みに伴い開示する企業も増え、情報開示レベルも向上していく。そし

て、より本質的な議論も熟成されつつあり、三大経営資源の「ヒト、モノ、カネ」の中で投資に対するリターン上限がない「ヒト（人的資本）」にフォーカスが当たるようになり、本格的な企業価値を開示する態勢が整ってきた。

ゲームチェンジャーへのトリガー

これらの社会的な潮流を考えるうえでまず理解しなければならないのは、「新しい情報開示の時代が来た」ということである。これまでのESG情報開示はルールができても推奨されるだけで、義務化までには至らなかった。しかし、今後はあらゆるサステナビリティ分野の対応と開示が義務化されるだろう。

上場企業への対応義務化がなされれば、そのサプライチェーンに入る中堅・中小企業にも少なからず影響が及ぶことが予想されるなかで、早く動き出していればより機会があったと嘆いても遅い。企業規模に関係なく、すべての企業がこの潮流を理解し、自社のビジネスに活かすべきである。

サステナビリティ全般にいえることだが、ESGをはじめとする企業の情報開示はグローバルで急速に進んでいるため、国内法では問題ない行動が、国際的には法令違反になりかねないことも増えている。日本では法制化されていないからといって、このグローバルの潮流を無視すること自体が大きなリスクになる。「今まで大丈夫だったから、これからも大丈夫」はもう通じない時代になってしまったということだ。

そういう意味ではサステナビリティは“ゲームチェンジャー”といえるかもしれない。ゲームチェンジとは、文字どおりゲーム（ビジネス）のルール自体を変えてしまうことである。不可逆であるサステナビリティ推進の潮流の理由を理解し、1日でも早く動き出すことを推奨した

い。

　サステナビリティ関連の活動は成果を生み出すのに数年単位で取り組む必要があるものもあり、現にESG評価の高い企業は時間をかけて取組みと開示を進めてきているのが通例であり、逆は存在しない。

ステークホルダーからの情報開示の要請

　また近年、さまざまなステークホルダーからの社会的要請や上場企業の開示規制など、企業に対してESGに関する情報開示を求める動きが増えている。これは、ESG情報開示は以前は任意対応であったが、現在は上場企業では一部が対応義務化もしくは事実上の義務（推奨対応項目）となっていることが背景にある。

　そしてESGはあまりにも多くの指標を抱えており、網羅的で総合的な開示だけではなく、各ステークホルダーごとに企業に求めるESG情報が異なるため、それぞれのニーズに対応する必要がある。ESG情報は投資家以外のマルチステークホルダーへの説明責任もあるため、統合報告書やIRサイトコンテンツ以外にも、サステナビリティサイトやサステナビリティレポートを通じて発信しなければならないのが、ESG情報開示の難しい点だ。

　メインステークホルダーを営業であれば顧客、IRであれば投資家に絞れる部署が多い中、ESG情報開示はマルチステークホルダー対応が原則のため、単なる開示では意味をなさず相応の工夫が求められる。

　とくに、上場企業は投資家からESGと価値創造の関連性を、消費者からは環境等に配慮している企業であるか、求職者は労働慣行（ワークフイフバランス）の整った企業であるか、などさまざまなステークホルダーからの開示要請を受け、さらなるESG情報開示が求められる時代になったのである。

ステークホルダー資本主義の台頭

ESG情報開示の広がりは、ガイドラインだけではなく企業側からの動きも含まれる。顕著な例として、ステークホルダー資本主義がある。

世界を代表する政治家や事業家が集う「ダボス会議（世界経済フォーラムが毎年1月に行う年次会議）」の2020年の主題となったのがステークホルダー資本主義だ。

ステークホルダー資本主義とは、従来の主流な考え方である、「企業は株主の利益を第一に考えるという『株主資本主義』」とは異なり、「顧客、従業員、取引先、地域社会、そして株主といったあらゆるステークホルダーの利益に配慮すべき」という考え方である。

ここでいうステークホルダーへの配慮とは、事業活動の影響を受けるすべてのステークホルダーとの関係を重視し、その活動を通じてこれらステークホルダーへの貢献（ポジティブ・インパクト）を目指す長期視点の企業経営のあり方を指す。

稀代の実業家、渋沢栄一が著書『論語と算盤』で唱えた「道徳経済合一説」のようにビジネスの社会性やステークホルダーを重要視した経営概念は日本にも昔からあるが、それらと何が違うかというと、1つは「見える化」である。ステークホルダーの利益を定量化し、価値創出（バリュー・クリエイション）の見える化を行うことが従来の類似概念との違いである。

では、ステークホルダー資本主義が投資家を軽視する考え方かというと決してそうではない。ステークホルダー資本主義には投資家も大いに注目している。

たとえば、世界最大級の運用資産を持つBlackRockのCEO、ラリー・フィンク氏は企業向けニュースレター「letter to CEOs 2022」（日本語版、2022年）の中で、「我々がサステナビリティを重視するのは、我々

が環境保護主義者だからではなく、資本主義者だからです」と述べている。また、同レターの中で「『ステークホルダー資本主義』は、政治の問題ではありません。社会的あるいはイデオロギー的な問題でもありません。社会問題を喚起するようないわゆる『Woke（筆者注：社会問題に高い関心を持つこと）』でもありません。これは、あなたと、貴社の繁栄の基盤となる従業員、顧客、取引先、そして地域社会が相互に利益をもたらす関係を築くことによって実現する資本主義です。これが資本主義の力です。」としており、ステークホルダー資本主義の重要性を投資家側から指摘している。

　ステークホルダー視点は企業経営において重要だが、さまざまなガイドラインの中で何を指標にすればよいかがわからないという声をよく聞く。その疑問解消の1つとして、ステークホルダー資本主義を提言した世界経済フォーラムが作成したESG指標が参考になる（**図表2-2**）。

　この世界経済フォーラムが公表した多くの開示項目は具体的なサステナビリティ推進活動の項目になり、これらの活動を通じてステークホルダー資本主義を経営のあり方として確立すべきとしている。これらの項目は、国際的なサステナビリティ・ガイドラインやESG評価機関の評価項目にもなっているため、サステナビリティ推進活動の基礎的な指標にもなるだろう。

　なお、大手企業を中心に、この指標で対照表を作成し公開している日本企業も、すでに一定数存在している。

　このガイドラインは、すべての項目がサステナビリティ領域というわけではなく「豊かさ」という経済側面の指標もあり、リスクと機会の両面のバランスが考慮されている。

　当然、ここで示されない指標にも重要な項目もあり、これだけで網羅しているわけではない。よって、他の開示ガイドラインを含めて、ステークホルダー視点をESG情報開示に取り込む必要がある。

ステークホルダー資本主義指標 (ESGメトリクス) (図表1-5再掲)

	柱	テーマ	コアメトリック・開示
1	ガバナンス原則	ガバナンスのパーパス	設定したパーパス
2		ガバナンス機関の質	ガバナンス機関の構成
3		ステークホルダーエンゲージメント	ステークホルダーにインパクトを与える重要課題
4		倫理的行動	腐敗行為防止
5			保護された倫理的助言と報告の仕組み
6		リスクと機会の監視	リスクと機会をビジネスプロセスに統合
7	地球	気候変動	温室効果ガスの排出
8			TCFDの実装
9		自然喪失	土地利用と生態学的な感度
10		新鮮な水の利用可能性	水ストレス地域における淡水の使用量と取水量
11	人	尊厳と平等	ダイバーシティ、エクイティ、インクルージョン (%)
12			賃金の公平性 (%)
13			賃金水準 (%)
14			児童労働、強制労働のリスク
15		健康とウェルビーイング	健康、安全 (%)
16		将来に向けたスキル	提供された研修 (#, $)
17	繁栄	雇用と富の創出	雇用絶対数と雇用率
18			経済的貢献
19			金融投資への貢献
20		より良い製品・サービスのためのイノベーション	研究開発の総費用 ($)
21		コミュニティと社会の活力	支払われた税金の総額

出所：世界経済フォーラム (2020)「ステークホルダー資本主義の進捗の測定」を筆者和訳

■ 強まる投資家視点の情報開示

ステークホルダーの情報ニーズに対応する

ESG投資の盛り上がりもあり、投資家はこれまで以上に企業に対してESG情報開示を求めるようになっている。それに対して企業側も、投資家の情報ニーズを把握しようと努めており、とくに企業価値とサステナビリティの関連性を見極め、自社での対応を進めようとしている。

　世界における ESG 課題は膨大にあり、企業が網羅的に対応するのは限界があるのだが、投資家は企業に対して企業価値向上に貢献する ESG 課題に取り組むことを期待している。

　そこで課題になるのが、「投資家はどのような情報に、より興味があるのか」である。2つの調査結果を紹介する。

　リンクアンドモチベーションが機関投資家100名を対象に2022年3月に実施した「機関投資家の非財務資本開示に関する意識調査」によれば、「今後非財務資本の中で、より開示が必要だと思う項目」という設問では国際統合フレームワークが分類する5つの非財務資本において、人的資本（70%）、知的資本（62%）、社会・関係資本（48%）、自然資本（29%）、製造資本（28%）という結果を示した。

　「人的資本は、投資判断にどれくらい影響しているか」という設問では、とても影響する（31%）、まあ影響する（38%）、と7割近くの投資家が、人的資本が投資の意思決定に重要な役割を果たしていると回答している。

　金融情報サービス会社 QUICK リサーチ本部 ESG 研究所が2021年8月から10月にかけて日本国内の機関投資家157社を対象に実施した「ESG投資実態調査2021」では、投資家が重視する企業とのエンゲージメントテーマ（対話テーマ）を訊く設問に対して有効回答数39社のうち、

- 気候変動（36社、92%）
- 人権（23社、59%）
- ダイバーシティ＆インクルージョン（23社、59%）

が上位の回答だった。以下、環境サプライチェーン（14社）、生物多様性（14社）、労働慣行（13社）、資源と汚染（13社）、水（12社）、社会的サプライチェーン（11社）と続く。

　社会的な要請が最も大きな課題の気候変動に次いで、人権とダイバーシティ＆インクルージョンという人に関する課題が重視されている。企

業は人に対する対応や開示が不足していると、投資家の情報ニーズに対応できない可能性があることをこの調査結果は示していることになる。

投資家向けの開示フレームワークと報告書

　このような社会情勢のなかで、企業はどのように投資家目線のESG情報開示を行えばよいのだろうか。

　まさに投資家に向けたESG情報開示フレームワークとなるのが、IIRC（国際統合報告評議会）の「IRフレームワーク（国際統合報告フレームワーク）」である。IRフレームワークは、投資家向けの開示メディアである統合報告書の唯一のガイドラインとなっている。ISSB（国際サステナビリティ基準審議会）においても、IRフレームワークは非常に重要視されており、企業の投資家に向けた開示ガイドラインのグローバル・スタンダードといえる。

　IRフレームワークでは統合報告書の主たる目的として、「財務資本の提供者に対し、組織がどのように長期にわたり価値を創造、保全又は毀損するかを説明することである。」として投資家向けのレポートであることを強調している。

　また、統合報告書を作成するにあたり、「指導原則」と「内容要素」を定め、統合報告書のあるべき姿をまとめている。

　［指導原則］
　A：戦略的焦点と将来思考
　B：情報の結合性
　C：ステークホルダーとの関係性
　D：重要性（マテリアリティ）
　E：簡潔性
　F：信頼性と完全性
　G：首尾一貫性と比較可能性

［内容要素］

A：組織概要

B：ガバナンス

C：ビジネスモデル

D：リスクと機会

E：戦略と資源配分

F：実績

G：見通し

H：作成と表示の基礎

　この指導原則と内容要素を考慮した統合報告書を含むESG情報開示を行うことで、投資家の情報ニーズを満たせる可能性が高い。「優れた統合報告書」として評価された企業は**図表2-3**のとおりである。

■ 情報開示とSX

投資家との対話を進めるためのSX

　ESG情報開示の重要性は高まる一方だが、ただ開示ガイドライン項目に沿って開示ができていればよいというわけではない。開示を常に行いながら投資家と対話（エンゲージメント）を行って現状の課題を認識し、より投資家にわかりやすい開示を更新し続けなければならない。この開示とフィードバックを繰り返すことで、情報開示の品質が上げられるのである。

　その投資家との対話を進めるうえで重要な概念として注目されるのが「SX（サステナビリティ・トランスフォーメーション）」である。SXとは、経済産業省が2020年に、サステナブルな企業価値創造に向けた対話の実質化検討会で発表した、「企業のサステナビリティ（稼ぐ力）」と「社会のサステナビリティ（社会課題解決）」を同期化させ、事業の変革

図表2-3　GPIFの運用機関が選ぶ「優れた統合報告書」

コード	社名	得票数	コード	社名	得票数
1925	大和ハウス工業	2	6367	ダイキン工業	1
1928	積水ハウス	1	6457	グローリー	1
2181	パーソルホールディングス	1	6471	日本精工	1
2502	アサヒグループホールディングス	1	6479	ミネベアミツミ	2
2503	キリンホールディングス	1	6501	日立製作所	5
2607	不二製油グループ本社	2	6645	オムロン	4
2768	双日	2	6674	ジーエス・ユアサ コーポレーション	1
2802	味の素	3	6702	富士通	1
2871	ニチレイ	1	6724	セイコーエプソン	1
3086	J. フロント リテイリング	2	6758	ソニーグループ	3
3407	旭化成	2	6762	TDK	1
3880	大王製紙	1	6841	横河電機	1
4005	住友化学	1	6902	デンソー	2
4021	日産化学	1	6981	村田製作所	1
4063	信越化学工業	1	6997	日本ケミコン	1
4183	三井化学	2	7272	ヤマハ発動機	2
4188	三菱ケミカルホールディングス	1	7752	リコー	5
4204	積水化学工業	1	7905	大建工業	1
4307	野村総合研究所	3	7951	ヤマハ	2
4452	花王	2	8001	伊藤忠商事	4
4506	大日本住友製薬	1	8012	長瀬産業	1
4507	塩野義製薬	2	8015	豊田通商	1
4523	エーザイ	1	8031	三井物産	1
4536	参天製薬	1	8035	東京エレクトロン	1
4544	H.U. グループホールディングス	1	8058	三菱商事	1
4568	第一三共	1	8113	ユニ・チャーム	1
4612	日本ペイントホールディングス	1	8252	丸井グループ	2
4751	サイバーエージェント	1	8306	三菱 UFJ フィナンシャル・グループ	5
4902	コニカミノルタ	1	8309	三井住友トラスト・ホールディングス	1
4911	資生堂	1	8591	オリックス	2
4967	小林製薬	1	8601	大和証券グループ本社	1
5201	AGC	1	8725	MS&AD インシュアランスグループホールディングス	1
5401	日本製鉄	1	8766	東京海上ホールディングス	5
5411	ジェイ エフ イー ホールディングス	1	9020	東日本旅客鉄道	1
6005	三浦工業	1	9086	日立物流	1
6098	リクルートホールディングス	3	9101	日本郵船	3
6268	ナブテスコ	2	9433	KDDI	1
6301	小松製作所	1	9531	東京瓦斯	1
6361	荏原製作所	3			

* 上記は運用機関から「優れた統合報告書」として選ばれた企業の一覧（証券コード順）
　網掛けされている企業は、複数の運用機関が選定
出所：GPIF（2022年2月7日）『GPIF の国内株式運用機関が選ぶ「優れた統合報告書」と「改善度の高い統合報告書」』
　　　https://www.gpif.go.jp/esg-stw/20220207_integration_report.pdf

図表2-4　SXの概念

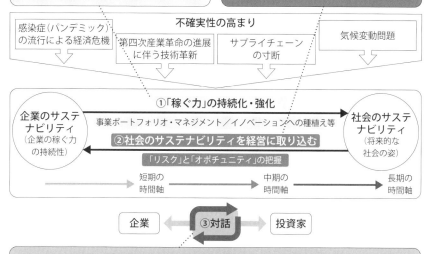

①「稼ぐ力」の持続化・強化
企業としての稼ぐ力（強み・競争優位性・ビジネスモデル）を中長期で持続化・強化する、事業ポートフォリオ・マネジメントやイノベーション等に対する種植え等の取組を通じて、企業のサステナビリティを高めていく

②社会のサステナビリティを経営に取り込む
不確実性に備え、社会のサステナビリティ（将来的な社会の姿）をバックキャストして、企業としての稼ぐ力の持続性・成長性に対する中長期的な「リスク」と「オポチュニティ」双方を把握し、それを具体的な経営に反映させていく

不確実性の高まり

感染症（パンデミック）の流行による経済危機

第四次産業革命の進展に伴う技術革新

サプライチェーンの寸断

気候変動問題

企業のサステナビリティ（企業の稼ぐ力の持続性）

①「稼ぐ力」の持続化・強化
事業ポートフォリオ・マネジメント／イノベーションへの種植え等
②社会のサステナビリティを経営に取り込む
「リスク」と「オポチュニティ」の把握

社会のサステナビリティ（将来的な社会の姿）

短期の時間軸　　中期の時間軸　　長期の時間軸

企業　③対話　投資家

③長期の時間軸の「対話」によるレジリエンスの強化
不確実性が高まる中で企業のサステナビリティを高めていくために、将来に対してのシナリオ変更がありうることを念頭に置き、企業と投資家が、①②の観点を踏まえた対話を何度も繰り返すことにより、企業の中長期的な価格創造ストーリーを磨き上げ、企業経営のレジリエンスを高めていく

出所：経済産業省「第1回 サステナブルな企業価値創造のための長期経営・長期投資に資する対話研究会 事務局説明資料 資料5」（2021年5月）
https://www.meti.go.jp/shingikai/economy/sustainable_sx/pdf/001_05_00.pdf

に取り組む経営戦略を指す。SXによって具現化された戦略について投資家と対話することで、より有意なエンゲージメントになるという流れだ（**図表2-4**）。

　社会が大きく変化している以上、企業側もその変化に柔軟に対応する必要がある。この社会変化に対する企業側の答えの1つがSXなのである。そして、究極のSXは企業側だけではなく社会のSXにも貢献する

ものであることが重要だ。企業側のSXが本質的であれば、時間をかけて社会の変革を促すことも不可能ではない。

つまりSXとは、「社会を良くするためのイノベーション」ともいえる。これを実現するには、社会のサステナビリティによって見えてくるリスクとその背後にある事業機会にいち早く気づき、SXとして戦略的に対応できるかがポイントだ。

SXは変革のためのフレームワークでもあり、投資家との建設的な対話の根幹となる概念でもある。経済産業省が2021年5月に立ち上げたサステナブルな企業価値創造のための長期経営・長期投資に資する対話研究会（略称：SX研究会）によれば、SXに基づく経営には、

・存在意義（パーパス）

・重要課題（マテリアリティ）

・長期ビジョン

の3つの要素を明確にすることで企業のあるべき姿が定まるとしている。これらについて、以下に詳しく解説する。

存在意義（パーパス）

企業経営において利益もしくは費用（コスト）が意思決定の軸になるため、利益を目指す経営方針は短期的には成果が出やすいものの、持続的な利益の伸長は不安定であり、長期視点の経営の軸にはなりにくい。

一方、SXは長期視点の経営戦略であるため、短期的なコスト戦略よりも、中長期のブレないパーパスを軸に意思決定を行う仕組みづくりをすることになる。

SX研究会では、パーパスを「中長期的な価値創造ストーリーにおける筋道の軸となるもの」と定義している。パーパスとは、常に経営判断の拠り所となる自社固有の価値観であり、自社がどのように価値を提供する存在であるのかというあるべき姿を明確化したものであり、簡潔で

わかりやすい表現で端的に示し、社内外に発信することが重要なのである。このパーパスを定めることが将来の自社のあるべき姿そのものとなり、SX のあるべき姿を明確にすることにつながる。

　筆者は 10 年以上のサステナビリティ経営支援の経験から、「パーパスはスタートでもあり、ゴールでもある」と考えるようになった。従業員は、自社のパーパスから自身の行動を規定（スタート）し、組織全体としてはパーパスの実現（ゴール）になるべきという考えだ。

　そしてサステナビリティにおいてパーパスが重要なのは、パーパスがすべての時間軸およびステークホルダーにつながるものだからである。

重要課題（マテリアリティ）

　SX 研究会ではマテリアリティを「企業経営において重大な影響があるサステナビリティ課題」と定義している。ここでいう「重大な影響があるサステナビリティ課題」には、財務インパクト、リスクの発生確率と発生頻度、ステークホルダーの関心度と影響度、最も価値創造に貢献するもしくは毀損しうる点、などがある。

　マテリアリティを明確にしなければならないのは、企業のリソースは有限であり、数多あるサステナビリティ課題を端から対応していくのは不可能だからだ。そこで、対応すべき課題の優先度を判断し、自社の経営にとって重大な影響を与える課題を特定するわけだ。

　また、マテリアリティはパーパスとの整合性を短・中・長期それぞれの時間軸で検討し、自社の価値創造へのリスク・機会両面での影響の程度、あるいは関連するステークホルダーの関心度等をバランスよく検討することが重要である。

　そしてマテリアリティを明示することは、投資家との対話を深めることになる。社会のサステナビリティを踏まえたマテリアリティを特定することで投資家に有用な情報提供となるからだ。

長期ビジョン

　長期ビジョンとは、パーパスやマテリアリティを踏まえて特定した長期の期間経過後に想定される、企業のあるべき姿と社会のあるべき姿を、自社の競争優位性・強みから描き出す「目指すべき姿」である。

　なぜ長期ビジョンが必要かというと、たとえば次年度の価値創造（経済的・社会的なインパクトの創出）を2倍にするだけならば、簡単ではないが難しくはない。しかし10年後に企業価値を10倍にするとなれば、1〜3年の戦略は意味を持たず、10年先のゴールを設定し、逆算して10年後の価値創造が最大化される道筋を作らなければならない。

　また、既存のビジネスモデルを多少改良したところでゴールに辿り着けないので、まさにSXによる変革を起こさなければならない。

　このときの「長期」とは、事業環境、社会全体の潮流、投資家の投資目線等を総合的に勘案して各企業が自社の経営事情に即して特定する。そのため、一律に10年という長さが適切であるとは限らない。

2 ESG情報開示としての人的資本開示

■ ESG情報開示の起点となる人的資本

ESG情報開示ガイドラインで主役になる人的資本

　近年、企業のESG情報開示が急速に求められるようになった。とくに、人的資本分野の投資家の情報ニーズが高まっているのだが、自社がどの項目から開示すべきかは悩ましい課題である。多くの企業がこの課題を抱えているが、その判断基準になるのはESG情報開示ガイドラインでの推奨開示項目である。

　グローバルなESG情報開示ガイドラインでもあるIRフレームワークでは、2010年代初頭から人的資本の概念が導入され、その重要性が示されており、実務上の参考になることが多い。

　たとえば、IRフレームワークでは、企業の価値創造の軸となる「6つの資本」の1つとして人的資本が規定されている（**図表2-5**）。

　上場企業にはすでにビジネスモデルの最重要事項として開示が求められていたのだが、当初は人的資本領域の積極的開示を行う企業はそれほど多くなかった。

　それが近年、人的資本を含む6つの資本それぞれの関係性やビジネスモデルと関連させて開示する例が増えている。

　実際に開示ガイドラインではどのような人的資本関連の項目が規定されているかを**図表2-6**にまとめた。

　世界経済フォーラム（WEF）「ESGメトリクス」では「多様性、賃金、労働安全衛生、研修状況、強制労働・児童労働」などが人的資本領域の開示推奨項目とされている。注意点としては、自社従業員だけの人権尊重ではなく、サプライチェーンでの人権尊重も人的資本に含まれている。

　他には、グローバル・レポーティング・イニシアティブ」（GRI）の

図表2-5 人的資本とビジネスモデルおよび他資本との関係性

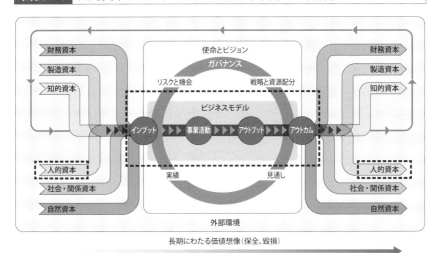

出所：IIRC（2021年1月）「国際統合報告〈IR〉フレームワーク」（日本語版）、破線は筆者

図表2-6 ESG情報開示ガイドラインの人的資本関連項目例

組織名	ガイドライン	人的資本関連の項目および解説
WEF	ESGメトリクス	多様性、賃金の平等、賃金水準、児童労働・強制労働、労働安全衛生、研修状況
GRI	GRIスタンダード	雇用、労使関係、労働安全衛生、研修と教育、多様性と機会均等、非差別、結社の自由、人権アセスメント
SASB	SASBスタンダード	労働慣行、労働の安全と衛生、従業員エンゲージメント・多様性・包摂
IIRC	IRフレームワーク	人的資本とは、人々の能力、経験およびイノベーションへの意欲、たとえば、組織ガバナンス・フレームワーク、リスク管理アプローチおよび倫理的価値への同調と支持、組織の戦略を理解し、開発し、実践する能力、を指す。
経済産業省	価値協創ガイダンス2.0	人的資本とは、企業の生み出す価値の起点となる重要な無形資産である。企業の人的資本への投資は、経営人材、研究・専門人材、現場を動かす社員など、企業内のさまざまな人材の獲得、育成、活用等のために行われる。

出所：各ガイドライン（日本語版）を参考に筆者作成

「GRIスタンダード」では「雇用、労使関係、労働安全衛生、研修と教育、多様性と機会均等、非差別、結社の自由、人権アセスメント」などが人的資本領域の開示推奨項目としている。GRIスタンダードはESGメトリクスよりも項目数が多いが、重なり合う項目もある。

　このように、人的資本開示ガイドラインのISO 30414以外でも、人的資本は多くのESG情報開示ガイドラインで規定されている。なお、ISO 30414については第4章で詳しく解説する。

ESG評価機関への対応

　機関投資家がESG投資を行う際にESG評価機関の評価やデータが参照されるため、とくにプライム上場企業およそ1,800社は投資家と併せてESG評価機関への対応も重要になる。対応を誤れば、自社のESG企業評価が下がる可能性があるからだ。

　グローバルで活動するESG評価機関には、米国MSCI（モルガン・スタンレー・キャピタル・インターナショナル）、英国FTSE Russell、米国Sustainalytics、米国S&P Globalなどがある。これらの主要評価機関のESG評価項目のうち、S（社会）には次のような人的資本に関わる項目が必須となっている。

MSCI：人的資源

FTSE Russell：健康と安全、人権と地域社会、労働基準

Sustainalytics：ダイバーシティプログラム

　人材に関する対応と開示は、サステナビリティ推進活動の中核であり、投資家はそれが企業の価値創造に貢献すると考えている。

ESG情報開示を行うメディア

ESG情報開示は統合報告書やIRサイト、サステナビリティサイトの

みで開示されているわけではない。2023年には有価証券報告書での人的資本を含むESG情報開示の一部義務化が始まる。

　有価証券報告書は法定開示書類であり、任意開示であったESG情報が掲載されることは少なかったが、投資家の情報ニーズの高まりや開示義務化の流れもあり、この措置となった。

　有価証券報告書での人的資本開示は、金融庁が公表している『記述情報の開示の好事例集2021』の「サステナビリティ情報（2）経営・人的資本・多様性等の開示例」が参考になろう。

　同資料には、オムロン、丸井グループ、第一生命ホールディングスをはじめ、21社のダイジェスト事例が紹介されている。

■ 国内の主なESG評価

東洋経済CSR調査

　2007年から実施されている「東洋経済CSR調査」は、直近で1,600社以上の企業データをもとに財務・非財務の両面を評価する、国内最大規模のESG総合評価調査である。この調査結果からCSRへの取組みを格付けしたものが「CSR企業ランキング」だ。国内企業を想定したものであるため、必ずしもグローバルな評価と整合しない項目もあるため、ESG評価の向上という視点では、他のグローバルなESG評価の項目も確認する必要がある。

　東洋経済新報社は以前から「ESG＋H」（H=Human Resource）という評価フレームワークを用いて、人的資本項目を重視した評価を行っている。人材活用に関しての評価項目は**図表2-7**に示すとおりである。

　数値や割合を求める定量的項目だけでなく、方針の有無などの定性的項目も含み、双方合わせておよそ50項目となる。

　ただし、これらの評価項目はあくまで網羅的な視点からによるものであり、必ずしも自社の企業価値向上に奏功するとは限らないことに注意

図表2-7	東洋経済CSR調査の人的資本関連の調査項目例

■人材活用
- 女性従業員数（従業員比率、世代別数）
- 女性管理職比率（管理職、部長、役員の比率）
- 離職者数
- 労働時間（総労働時間、残業時間）
- 外国人管理職の有無
- ダイバーシティ推進（方針、目標の有無）
- 多様な雇用（障害者雇用、シニア雇用）
- LGBTへの対応
- 有給休暇取得率
- 産休（期間、取得者数）
- 育休（女性および男性の取得者数）
- 看護／介護（休業取得者数）
- 多様な働き方（テレワーク、副業、再雇用制度など）
- ハラスメント防止
- 労働安全衛生
- 人権の尊重
- 年間研修費用
- 従業員満足度調査
- キャリア形成支援

出所：東洋経済新報社『CSR企業白書2022』をもとに筆者作成

したい。

日本経済新聞社「SDGs経営調査」

　日本経済新聞社が実施している「SDGs経営調査」は、「SDGs戦略・経済価値」「社会価値」「環境価値」「ガバナンス」の4つの大分類の評価フレームごとに3〜6の中分類が設定されている。2021年調査では上場企業3,873社中の785社に加え、非上場61社を合わせた846社の有効回答が寄せられた。人的資本の関連項目が広く設定されている。

　また、日本経済新聞社では多様で柔軟な人材活用やイノベーション創出、市場開拓力の継続性などにより、組織のパフォーマンスを向上させ

図表2-8 日経「スマートワーク経営」「SDGs経営」の人的資本関連の主な調査項目

分野	テーマ	内容
人材活用	人材活用における方針・計画と責任体制	ISO 30414に対する開示とKPI、など
	基礎情報	正社員数、非正社員数、派遣社員、在籍出向数、新卒および中途入社数、離職者数、定年退職社数、など
	労働時間、休暇取得、健康保持・増進	所定労働時間、年間総実働時間、年次休暇取得率、労働時間適正化施策の有無など
	ダイバーシティの推進	ダイバーシティ推進施策の有無、シニアおよび外国人雇用状況、障害者雇用率、性的マイノリティへの対応状況、など
	エンゲージメント・モチベーション向上	従業員意識調査の有無、賃金体系、人事評価制度、など
社会価値	人権の尊重	人権方針の有無、人権リスクの特定、人権リスクの対応策、救済手段の構築、調達活動における人権対応、など

出所：日本経済新聞社「日経『第6回スマートワーク経営調査』『第4回SDGs経営調査』調査票（見本）」（2022年実施）をもとに筆者作成

る経営戦略「スマートワーク経営」を標榜しており、この取組みを評価するために日経スマートワーク経営調査を2017年より実施している。「人材活用力」「イノベーション力」「市場開拓力」の3つの評価分野があり、そのうち「人材活用力」では「ダイバーシティの推進」「多様で柔軟な働き方の実現」「人材への投資」「ワークライフバランス」「エンゲージメント」「人材の確保・定着と流動性」という6つの項目が用意されている。

3 企業価値向上のための情報開示のあり方

■ 企業価値向上に貢献する人的資本

企業価値と人的資本との関係性

　人的資本開示を語るうえでかかせないのが、企業価値との関係性である。人的資本への投資は、たとえば研修費用は費用計上されるため、短期的にはコスト（資本効率の低下）でしかない。

　しかし、中長期的な視点では、研修によって向上した従業員の業務遂行能力が組織のノウハウ（知的資本）となり、財務指標の改善、資本効率の向上、ひいては企業価値の向上をもたらす機会となりうる。

　また、人材は継続的に価値を生み出す存在だと捉えると、能力向上を更新・維持を継続し続けることにより、半永久的に価値創造に貢献する資本となりうる。

　これにより企業は、自社の人的資本投資と経営戦略の関係性を投資家に明示し理解を得ることができれば、短期利益にこだわらず、より大きな価値創造に向けた活動に専念でき、自社の人的資本への投資と長期的な企業価値向上の両立を目指していくことができる。

企業価値向上と関連の強いESG指標

　ESGが企業価値向上にどのように関係するかについて、アビームコンサルティングでは2022年6月、「企業価値を向上させるESG指標TOP30〜ESGを起点としたデータドリブン変革の実現に向けて〜」という調査結果を発表している。

　それによれば、1位はE（環境）区分の「循環型社会の実現（指標：原材料使用料）」だが、2位以下8位までがS（社会）区分の「従業員の採用（同：キャリア採用数〈男性〉）」「従業員の採用（同：キャリア採

用数〈女性〉）」「従業員の定着（同：退職者数／離職者数〈女性〉）」「人材の登用（同：新規管理職登用数）」「人材の育成（同：総研修時間）」「知的財産の獲得・保護（同：登録特許件数）」「労働災害の防止（同：労働災害度数率）」だった。

　これらはいずれも人材領域の指標であり、日本企業の企業価値を向上させるには人的資本への対応が有効であることを端的に示している。企業価値の向上には複合的な要因が関係するが、人材の採用・定着・研修および労働安全衛生に対する施策が重要だとする調査結果といえる。
（出所：https://www.abeam.com/jp/ja/topics/insights/esg_top_thirty）

　ただし、企業ごとに企業価値向上に貢献する項目は異なるため、まずはマテリアリティとこれらの項目の関連を調べ、該当項目の対応優先度を考慮することが望まれる。

　このときに有効なのが、ESGに関係するすべての項目からさまざまなフィルタリングを通して項目を絞り込む「マテリアリティの特定」だ。その実施プロセスの概要は**図表2-9**に示すとおりである。

■ 人的資本と各資本との関係性
部分最適ではなく全体最適の施策をすべき

　人的資本開示において重要なことは、**図表2-5**（52ページ）に示されるようにその他の資本との関係性を考慮した全体最適を意識することだ。

　ここでいう関係性とは、たとえば人的資本投資により研修を充実させ、ワークショップ等で知識・体験の共有化をはかることで、属人化されていたノウハウが社内に広がり、知的資本（知的財産）の向上にもつながるといったことだ。人的資本はとくに知的資本との関連性が高く、また知的資本は企業の強み・競争力の源泉となる。そのため、従業員のスキルを向上させ、いかに組織のノウハウとして体系化できるかで、価値創出の絶対値が変わってくる。

| 図表2-9 | マテリアリティの特定イメージ |

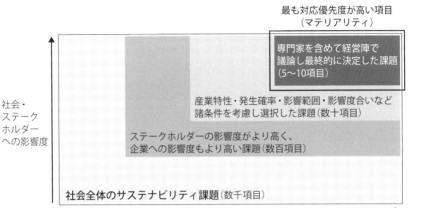

これまで先進的な日本企業の中には、パーパス（存在意義）、中期経営計画、ビジネスモデル変革、マテリアリティ特定、それらのKPIなどを"個別に"設定する取組みは見られる。しかし、それらのコネクティビティ（連動性・関連性）がわかる開示という点においては十分とはいえない。

そこで今後大事なことは、人的資本の個々の施策を背景情報を加えてストーリーとしてつなぎ、社内外で共有できる統合的・俯瞰的な価値創造が表現できるようになることだ。

価値創造プロセスにおける人的資本

ストーリーとしてつなぐとは、自社のパーパスや人材マネジメントポリシー、人的資本への取組み・投資に関するKPIなどについてそれぞれの関連が具体的にわかるようにすることだ。このストーリー化により、情報開示がゴールではなく、さまざまなステークホルダーとの人的資本についての価値観や投資戦略について対話できるようになる。人的資本

を持続的に向上させるために、その戦略や施策は何か、事業戦略とどのようなつながりがあるのかなど、総合的な視点でデータを示すことでステークホルダーの理解度は格段に増すことになる。

日立製作所は「日立 統合報告書 2021」の中で同社が標榜するサステナブル経営実現のための「価値創造プロセス」について、見開き2ページの具体的な図解のもと数値で示している。企業の価値創造の軸となる「6つの資本」のうちの人的資本では「社会課題の解決を実現するグローバルで多様な人財」を目指すうえでの2020年度のインプットとして、

・連結従業員数……301,056人

　　海外従業員比率……46%

・教育投資額（1人当たり）……66,900円

また、社会・環境・経済価値向上の同時向上を図る2020年度のアウトカムとして「人財の多様化・グローバル化」において、

・ダイバーシティ＆インクルージョン

　　女性管理職比率……9.5%

　　従業員における外国人比率……11.6%

　　　　女性比率……10.1%

・デジタル人財……5,000人増（合計35,000人）

・従業員サーベイのエンゲージメント指標……62%

としている。

（出所：https://www.hitachi.co.jp/IR/library/integrated/2021/ar2021j.pdf）

この図解（「価値創造のプロセス」pp.20-21）を見れば、定量的に人的資本のインプットとアウトカム（成果）をビジネスモデルがつなぎ、どれだけのリソースを使って、どれだけの経済的・社会的成果をあげたのかが定量的に理解できる。定量的であることで投資家は企業価値の客観的な理解が進む。

■ 投資家にとって重要なアウトカム情報

アウトプットの先に示されるアウトカム

人的資本は、売上や利益の創出に直接的・短期的に影響するわけではなく、すぐに財務価値換算ができるわけではない。

また、ISO 30414などの開示ガイドラインが求める項目以外にも自社の価値創造を示す独自指標があればステークホルダーに明示すべきだが、その際に重要なのが「アウトカム」である。

アウトカムとは、インプットした結果生まれるアウトプットが生み出す経済的・社会的価値のことであり、その一連の流れを「ロジックモデル」と呼ぶ。

ESG情報開示ではアウトプットまでは示されるものの、どのようなアウトカムが生じたかまでは示されることが少ない。

図表2-10ではアウトプットの「自動車生産台数」に加えて、自動車を製造・販売した結果何が起きたかをポジティブ／ネガティブ両面のアウトカムが開示されている。こうしなければ、ステークホルダーは企業のビジネスモデルを正確に知ることができない。

そもそも、価値とは事業活動で生み出された経済的・社会的成果（業

図表2-10　アウトカムのロジックモデル（自動車生産の例）

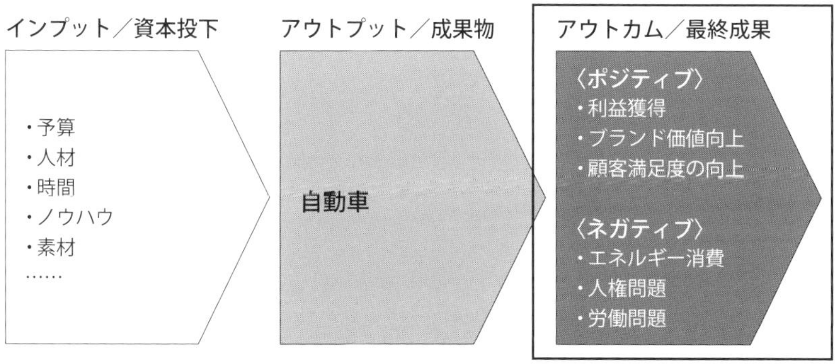

インプット／資本投下
・予算
・人材
・時間
・ノウハウ
・素材
……

アウトプット／成果物
自動車

アウトカム／最終成果
〈ポジティブ〉
・利益獲得
・ブランド価値向上
・顧客満足度の向上

〈ネガティブ〉
・エネルギー消費
・人権問題
・労働問題

績への影響）のことであり、アウトカムすべてを具体的に開示することで、企業の本質的な意味（存在意義）を投資家に伝えることができる。とくに長期的な価値創造を行うには、再現性のある価値創造の仕組みを示す必要がある。

その好例の1社がエーザイだ。同社の「価値創造レポート 2021」では「エーザイのESGと企業価値の実証研究」として、

- 人件費投入を1割増やすと5年後のPBRが13.8%向上する
- 研究開発投資を1割増やすと10年超でPBRが8.2%向上する
- 女性管理職比率を1割改善（例：8%から8.8%）すると7年後のPBRが2.4%向上する
- 育児短時間勤務制度利用者を1割増やすと9年後のPBRが3.3%向上する

その結果、

エーザイのESGのKPIが各々5〜10年の遅延浸透効果で企業価値500億円から3,000億円レベルを創造することを示唆

と、定量的に示されている。

また、オムロンでも2022年3月に対外的に発表した長期ビジョン「Shaping The Future 2030 」の戦略目標の1つに「ダイバーシティ＆インクルージョン」を掲げ、2022年度から2024年度までの定量目標として、

- 人的創造性（人件費あたりの付加価値額）……＋7%（2021年度比）
- 人材開発投資……60億円（3年累計）
- VOICE SEI（社員エンゲージメントサーベイ）……70P以上

としている。

アウトカムの開示は決して簡単なものではないが、ESG投資マネー

を引き入れるには、資本の考え方と価値創造プロセスの開示は必ず求められることを強くお伝えしておきたい。

参考文献

- 「人的資本可視化指針」内閣官房非財務情報可視化研究会、2022 年 8 月
- 「人的資本経営の実現に向けた検討会 報告書〜人材版伊藤レポート 2.0」経済産業省、2022 年 5 月
- 『SDGs 時代を勝ち抜く ESG 財務戦略』桑島浩彰／田中慎一／保田隆明著、ダイヤモンド社、2022 年 4 月
- 『ESG 情報開示の実践ガイドブック』藤野大輝著、中央経済社、2022 年 3 月
- 『未来ビジネス図解 SX&SDGs』安藤光展著、エムディエヌ、2022 年 8 月
- 『創発型責任経営』國部克彦／西谷公孝／北田皓嗣／安藤光展著、日本経済新聞出版社、2019 年 6 月

第 **3** 章

投資家が注目する
人的資本開示のポイント

1 投資家の関心のありかを正しく理解する

■ 機関投資家を取り巻く２つの環境変化

　国内では、ここ10年で機関投資家[1]を取り巻く環境が大きく変化したと言われている。理由は2つある。

　1つはスチュワードシップ・コードとコーポレートガバナンス・コードの公表である。2つのコードの導入により、機関投資家はスチュワードシップ責任[2]を果たすことがより一層求められるようになった。

　もう1つはESG投資の拡大であり、日本の年金積立金管理運用独立行政法人（GPIF）が国連責任投資原則（PRI）に署名して以来、多くの国内機関投資家もPRIに署名し、投資分析と意思決定のプロセスにESGの視点を組み入れるようになった。

　機関投資家は「責任ある投資家」としてスチュワードシップ責任を果たすため、社会課題の解決に向けて重要課題（ESGマテリアリティ）を特定し、その解決に向けた取組みにより、持続可能で豊かな社会の実現に貢献しようとしている。ESGマテリアリティは機関投資家の活動のベースとなるものであり、企業との建設的な対話（エンゲージメント）、ESG情報の定性・定量評価、投資判断、議決権行使において活用されている。

　図表3-1は、国内の代表的なアセットマネジメント会社がESGマテリアリティとして掲げたテーマのうち、S（社会）に該当するものをまと

---

[1] 機関投資家は、顧客・受益者（国民）から財産を預かり管理するスチュワード（管財人）であり、アセットオーナー（公的年金、年金基金など）と運用機関（資産運用会社、信託銀行、生命保険会社、損害保険会社）に大別できる。

[2] スチュワードシップ責任とは、機関投資家がサステナビリティの考慮に基づく建設的な対話などを通じて、企業の持続的成長や企業価値の向上を促し、顧客・受益者の中長期的な投資リターンの拡大を図る責任をいう。

| 図表3-1 | 機関投資家のESGマテリアリティ：S（社会） |

機関投資家	重要性の高いESG課題：S（社会）
野村AM	人権、多様性と包摂性、ウェルビーイング
大和AM	健康・安心社会、サプライチェーン、ダイバーシティ、人的資本
AM One	ダイバーシティ、人権、労働基準・安全衛生、製品責任、地域社会
三井住友TAM	人権とコミュニティ、人的資本、安全・責任、社会関連機会
りそなAM	児童労働・強制労働、製品の品質と安全性、製品・サービスの社会的影響、ダイバーシティとインクルージョン
明治安田AM	事業の社会性、人材戦略、労働安全衛生、製品・安全性、サプライチェーンマネジメント

＊AMはアセットマネジメントの略

出所：各社のスチュワードシップ・レポートから抜粋

めたものである。表現の仕方はさまざまだが、「人権」「人権とコミュニティ」「児童労働・強制労働」「人材戦略」「労働安全衛生」「ウェルビーイング」など人的資本に関連したテーマが挙げられている。機関投資家の「人的資本」に対する関心の大きさが窺い知れると同時に、人的資本の論点が非常に幅広く、E（環境）ほどシンプルではないという現実も確認できる。

　たとえば、三井住友トラスト・アセットマネジメント（三井住友TAM）はESGマテリアリティの1つに「人的資本」を挙げており、人的資本のうち何に注目するのか、その理由、そして人的資本情報の活用方法について、次のようにまとめている。

　「経済のサービス化進展とともに、従業員の質及び従業員へのエンゲージメントの度合いが企業パフォーマンスを決する要素としてより重要になっています。一方で、拡大するサプライチェーンの一端では、労務環境の軽視や労働者に対する人権侵害等の不適切な行為がなされるリスクもあります。当社では、法令違反に対してはエンゲージメントによる働きかけの他、投資対象からの除外も含めて検討するとともに、モチベーション向上を通じた業績向上への取組み状況などについても考慮し、

ESG投資の決定に反映します。」

（出所：三井住友TAM「Stewardship Report 2021/2022」P.71）

　このように、三井住友TAMは、業績の観点から従業員の質と従業員エンゲージメントに注目し、また、リスクの観点からサプライチェーン全体の人権に注目したうえで、これらの人的資本情報を企業とのエンゲージメントやESG投資の決定に活用していることがわかる。

2 ESGインテグレーション型投資の急拡大

■ 従来のCSR活動の限界

　企業が社会課題に取り組むことで社会に提供する価値（社会価値）も重要であるが、投資家の最たる関心事は、それが経済価値としての企業価値の向上に寄与するかどうかである。しかし、2020年にデロイト・トーマツが19カ国の2,029人の企業経営者（日本は146名）を対象に行った調査結果（**図表3-2**）によると、社会課題解決の取組みに注力する理由として「収益の創出」と回答した日本企業は1%にすぎず、グローバル企業（42%）と大きな隔たりが見られる。

　他方、日本企業の33%が「従業員との関係強化、新規採用」と回答し、35%が「取組みをしていない」と回答している。日本企業は、社会課題解決に向けて取り組んでいない企業が多く、取り組んでいる企業におい

図表3-2 社会課題解決の取組みに注力理由（上位２つを選択）

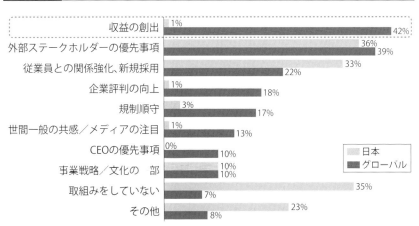

出所：デロイト・トーマツ（2020）「第四次産業革命における世界の経営者の意識調査」、2ページ
https://www2.deloitte.com/jp/ja/pages/about-deloitte/articles/news-releases/nr20200121.html

ても、従業員との関係強化や新規採用といった人事のために行う傾向が強く、社会価値と企業価値の間には大きな溝があるようだ。

とはいえ、一部の先進的な日本企業では、事業や活動を通じて社会課題解決を図り、企業価値を最大化しようとする動きが見られる。これは、ハーバード大学のマイケルポーター教授らが提唱したCSV（共通価値の創造）の考え方と整合する。CSVは、社会課題解決と企業価値をトレード・オフの関係と捉えたり、社会課題解決を単なる社会貢献活動の延長線上にあるものと捉えたりしない。自社の製品やサービスを通じて社会課題を解決し、社会価値を創造して経済価値の向上を目指そうとする点で、従来のCSR活動とは大きく異なる。

■ ESGインテグレーション型投資の急拡大

投資家もCSVと整合する考えを持っている。世界のESG投資額の統計を集計している世界持続可能投資連合（GSIA）によれば、ESG投資戦略の中でESGインテグレーション型が2020年に統計史上初めてトップになった（**図表3-3**）。

ESGインテグレーション型投資とは、財務情報だけでなくESGなどの非財務情報も含めて総合的に企業を評価したうえで投資する戦略であり、2016年から2020年にかけて投資額が急増している。

一方、これまでトップだったネガティブスクリーニング、つまり倫理的でないと定義される特定セクターの企業を投資先から除外する投資戦略は、2018年から2020年にかけて減少している。2020年は、ESG投資の中心がネガティブスクリーニング型からESGインテグレーション型にシフトした重要な年と言えそうだ。

■ ESGインテグレーションの適用例

ESGインテグレーションの方法は多様である。アクティブ運用[3]の場

図表3-3　ESG投資戦略別の投資額

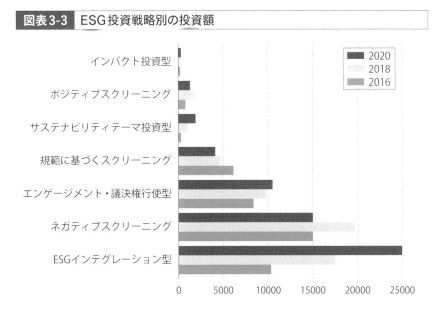

出所：Global Sustainable Investment Alliance（GSIA）, 2021, *Global Sustainable Investment Review 2020*.

合、ESG（非財務情報）についての分析結果を企業価値や株主価値の評価モデル（**図表3-4**）に織り込む方法が一般的である。

　ニッセイアセットマネジメント（ニッセイ AM）は重要な ESG 要因を認識し、それを「割引キャッシュフローモデル」の分子にあたる将来フリーキャッシュフロー（FCF_t）の予測に織り込み、企業価値を推定している。具体的には、将来フリーキャッシュフローを売上高成長率、営業利益率、再投資に分解し[4]、重要な ESG 要因が「売上成長」「利益率変化」「持続的成長性」のどれに影響するのかを整理したうえで[5]、中長期の将来フリーキャッシュフローを予測している。重要な ESG 要因

---

[3] アクティブ運用とは、目安となる指数（ベンチマーク）を上回る成績を目指す運用方法をいう。投資判断に際して、企業と建設的に対話したりマクロ経済や業界を分析したりして企業の本源的価値を推定する点に特徴がある。

図表3-4　企業価値・株主価値評価モデル

①割引キャッシュフローモデル

$$企業価値 = \sum_{t=1}^{\infty} \frac{FCF_t}{(1+WACC)^t}$$

$$= IC_0 + \sum_{t=1}^{\infty} \frac{[(ROIC_t - WACC) \times IC_t]}{(1+WACC)^t}$$

FCF_t：t期のフリーキャッシュフロー

$WACC$：加重平均資本コスト

IC_t：t期の投下資本

$ROIC_t$：t期の投下資本利益率

②残余利益モデル

$$株主価値 = B_0 + \sum_{t=1}^{\infty} \frac{[E_t - r \times B_{t-1}]}{(1+r)^t}$$

$$= B_0 + \sum_{t=1}^{\infty} \frac{[(ROE_t - r) \times B_{t-1}]}{(1+r)^t}$$

B_0：現時点での株主資本

ROE_t：t期の自己資本利益率

r：株主資本コスト

E_t：t期の当期純利益（親会社株主に帰属する当期純利益）

---

[4] フリーキャッシュフロー（FCF）の計算式と展開式は次のとおりである。

　FCF＝税引後営業利益＋減価償却費・償却費－資本的支出－運転資本増加額

　　　　＝売上高×営業利益率－税金－再投資

　　なお、資本的支出は有形・無形の固定資産の取得に伴う支出額である。運転資本は営業活動に拘束されている資金であり、次の計算式（運転資本＝売上債権＋棚卸資産－仕入債務）で求める。再投資は投資可能額を上回る投資額であり、次の計算式（再投資＝資本的支出＋運転資本増加額－減価償却費・償却費）で求める。

[5] 中長期のESG要因のうち、環境適応製品伸長、企業イメージ・ブランド力向上、従業員士気向上などは「売上成長」に、製造コスト削減、物流費削減、顧客・サプライヤーとの関係などは「利益率変化」に、社会との共生（社会問題への対応、工場周辺地域との関係構築など）、ガバナンス形態などは「持続的成長性」に影響するものとして分類区分し、そのうえで将来キャッシュフローを予測し、企業価値評価に織り込んでいる。

が優れていると判断した場合は、中長期の将来フリーキャッシュフローを高めに予測し、企業価値が高く推定されるようにしている。

　大和アセットマネジメント（大和AM）は、エンゲージメントを通じて得られたESGに対する考え方や取組み状況についての定性評価を、「残余利益モデル」の分母にあたる株主資本コスト（r）に織り込み、株主価値を推定している。株主資本コストとは、投資家が投資先の企業に期待するリターンをいい、投資リスクに応じて設定される。たとえば、コーポレート・ガバナンスの優れた企業は、投資家にとって安全な投資先であり、投資リスクの低減につながるため、株主資本コストを低く設定し、株主価値が高く推定されるようにしている。

　機関投資家2社によるESGインテグレーションを紹介したが、両社の間で価値評価モデルが異なるだけでなく、ESG要因を織り込む対象も異なっている。具体的には、ニッセイAMは価値評価モデルの分子（将来フリーキャッシュフロー）に、大和AMは分母（株主資本コスト）に注目しており、ESG要因が企業価値や株主価値につながるパス（道筋）の捉え方が両社の間で異なることを示している。

　とはいえ、ESGインテグレーションは、長期の時間軸を前提に、事業や活動を通じて社会課題を解決すれば、中長期的な企業価値（経済価値）が高まることを想定している。つまり、投資家はCSVと整合する考え方を持っており、社会価値を経済価値と関連付けて捉えているといえる。

Nippon Life Global Investors Europe Plc
機関投資家による人的資本開示の活用

Q 人的資本に関する情報開示をESG投資家はどのように活用しているのか？

　ESG要因に着目するESG投資が拡大しているが、一口にESG投資といってもその取組みは多岐にわたる。大きく分けると運用スタイルには、ジャッジメンタル運用・パッシブ運用・クオンツ運用の3通りがあり、それぞれ注目する人的資本に関する情報の性質や内容が異なると考えられる。日本において特に投資が規模が大きいのはパッシブ運用だと考えられるが、パッシブ運用においてESG情報を活用する場合、ESGの観点から同業他社間で企業比較を行い、相対的に優れていると評価される企業により構成されるESG指数に連動した投資成果を目指すというのが一般的だ。人的資本に関連する情報を活用する場合も、定量的な情報や、横比較に適した情報に関心が集中する傾向があると考えられる。数量的な分析によって投資先企業や売買タイミングを機械的に決定するクオンツ運用においても同様の傾向があろう。

　他方で、ジャッジメンタル運用において人的資本に関する情報を活用する場合は、注目する情報の性質や内容が大きく異なる場合が少なくないと考えられる。ジャッジメンタル運用は、ポートフォリオマネージャーやアナリストによる判断によって投資先企業を決定するスタイルであり、彼ら／彼女らが注目する企業自体の企業価値に対する理解を深めることに資する情報、その企業ならではの固有の取組みや成果に関する情報への関心が高いといえる。同業他社との比較ももちろん重要ではあるが、必ずしも横比較に適さないよう

74

な定性的な情報が活用される場合も少なくないのが特徴といえる。

Q **ジャッジメンタル運用の投資家は、人的資本に関する開示内容で何を見通そうとしているか？**

　ジャッジメンタル運用の投資家が行うESGインテグレーション（ESG要因の分析を財務分析等の運用プロセスに組み入れること）に際して、人的資本情報は「確信度」につながる情報であり、より自信をもってその企業の将来を予測するための材料として重要だと考える。

　たとえば、業界平均と比べて明らかに離職率が低い企業があったときに、投資家は、この企業は他社とは何が違うのか、なぜ従業員の定着に成功しているのか、を知りたいと考える。詳しく調べた結果、従業員エンゲージメントを通じて人を定着させる優れた取組みが明らかとなり、さらに、経験豊富な従業員によって高品質なサービスが維持され、顧客満足にもつながっているといった好循環が見えてくると、この企業の中長期的な人材採用コスト抑制や持続的な売上成長に対する投資家の確信度が高まる、といった具合である。

Q **人的資本に関する情報開示に関して中長期視点で企業に期待することは？**

　企業には人的資本に関する情報開示に関してさまざまな意見が投資家やESG評価機関から寄せられていることと思う。その内容は多岐にわたり、ESG投資家が必ずしも一枚岩でないと感じることも少なくないと推察するが、ESG投資自体の多様性を踏まえるとやむを得ないことともいえる。そうした点も踏まえつつ、情報開示のあり方を考えるにあたっては、「規定演技」と「自由演技」の二段構えで考えることが重要だと思う。

気候変動に関する情報開示を例に挙げると、温室効果ガス排出量に関する情報開示というのは、業界を問わず開示が求められる「規定演技」の最たる例といえる。今日では、投資家の運用スタイルにかかわらず、幅広い投資家が温室効果ガス排出量に関する情報を利用している。人的資本に関する情報開示における「規定演技」についても、今後、市場のさまざまな取組みの中で徐々に形成されていくであろう。

　同時に「自由演技」の視点は常に重要だと考える。先ほど述べたように、とりわけジャッジメンタル運用の投資家を中心に、持続的な競争優位に寄与するその企業ならではの人的資本に関する取組みと情報開示への期待が高い。加えて、投資先企業のインパクトに対する投資家の関心も高まっている。人的資本へのインパクトに対する情報開示を求める声も今後高まっていくことが予想される。

インタビュイー：**林 寿和**（はやし としかず）氏
Nippon Life Global Investors Europe Plc, Chief Director。2022年3月より現職（ニッセイアセットマネジメントより出向中）。ESG・インパクトに関するリサーチを行う。それ以前は、株式会社日本総合研究所にて、ESGに関する企業評価・産業調査や、政府機関等からのESGに関する受託調査研究業務に従事。また、文部科学省にて宇宙開発政策に関する企画・立案等を携わった経験も持つ。22年7月より金融庁金融研究センター特別研究員を兼務し、インパクトが企業価値等に与える影響に関する研究分析を行っている。

3 人的資本の開示スタンス

■ 中外製薬の価値創造ストーリー

　社会課題の解決に向けた取組みを経済価値に正しく反映するためには、投資家に対して、その内容を定性・定量の両観点から報告することが求められる。定性面では、ESG戦略を事業戦略に統合してストーリー性をもって示すとともに、定量面では、非財務情報を財務情報と関連付けて示す必要がある。

　以下では、優れた統合報告書を作成する企業として高く評価されている2社を取り上げ、人的資本の開示スタンスで特徴的な面を紹介する。

　まず中外製薬は、**図表3-5**のように、人財（人的資本）や技術・知的財産などの重要な資源が企業価値の拡大につながるパス（道筋）を、業績（利益の増大、投下資本の低減）とリスク（資本コストの低減）の2つに分けて整理している。

　人財（人的資本）については、「新人事制度の徹底運用、適所適財の

図表3-5　中外製薬の価値創造ストーリー

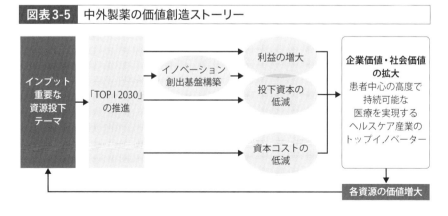

出所：中外製薬「アニュアルレポート2021　2021年12月期」p.25

人財マネジメント」「高度専門人財の獲得・育成・充足」「働き方／働きがい改革」「ダイバーシティ＆インクルージョンの継続的な推進」といった人財の強化が、①「バリューチェーンの各機能におけるイノベーション創出」を通じて利益を増大するというパス、②「多様で高度な人財の確保・育成」と「デジタル活用によるビジネスプロセスの効率化」を通じて投下資本を低減するというパス、そして③「コンプライアンスを優先する風土の継続」と「高度な人財の流出リスクの低減」を通じて資本コストを低減するというパス、の3つを想定し、企業価値評価モデルの分子と分母の両面から企業価値が増大するというストーリーを示している。

このような整理は、企業価値評価モデルを念頭に置き、社会課題の解決が企業価値の向上につながることを想定していなければ浮かばない。中外製薬のように、社会課題に対する取組みの充実度だけではなく、それが企業価値の拡大につながるようなストーリーを論理的かつ明確に示している企業は、投資家から高く評価される。

■ オムロンの重要課題と社会価値

続いてオムロンは、「事業を通じて社会価値を創出し、社会の発展に貢献し続けること」を存在意義として掲げ、不確実性が高い社会においても変化に柔軟に対応しながら存在意義を発揮すること、そして、社会価値の創出と同時に社会価値を経済価値に変え、企業価値を最大化することを目指している。

オムロンはサステナビリティ重要課題の1つとして「価値創造にチャレンジする多様な人財づくり」を抽出し、実現のための中期目標と長期目標を掲げている。また、その重要課題を「人財アトラクションと育成」「ダイバーシティ＆インクルージョン」「従業員の健康」「労働安全衛生」「人権の尊重と労働慣行」の5つに分類・整理し、それぞれにお

図表3-6	オムロンの重要課題と社会価値

重要課題	（社会課題解決により創造される）社会価値
人財アトラクションと育成	事業を通じて社会課題を解決するためにイノベーションをけん引するリーダーと多彩な能力を保有し、発揮する人財の創出を実現
ダイバーシティ＆インクルージョン	性別や障がいなど制約の有無などに関わらず、多様な人財が活躍できる職場の実現
従業員の健康	社員一人ひとりの健康の維持・増進と創造性発揮による「人的創造性」の向上を実現
労働安全衛生	職場の労働安全衛生に関する法令・規定を遵守するのはもとより、社員にとって心身ともに安全で健康に就業できる職場の形成に努めることにより、オムロングループ構内で働くすべての人が能力を最大限発揮できる労働環境の実現
人権の尊重と労働慣行	オムロングループで働くすべての人たちの人権が尊重されたよりよい職場環境の実現

出所：オムロン株式会社ホームページ「サステナビリティ目標と実績」

いて重要なKPIを設定したうえで、その年度目標と実績を対比している。また、**図表3-6**のように、KPI目標を達成することで得られるアウトカム（成果）を社会価値として明示している。

たとえば、2020年3月の投資家向け公表資料の中で「ダイバーシティ＆インクルージョン」のKPIとして、人財ポートフォリオ充足率、グローバル重要ポジションの現地化推進率、グローバル女性管理職比率、社員エンゲージメントサーベイにおけるSustainable Engagement Index（VOICE SEI）、人財開発投資3年累計額などを設定し、アウトカム指標としては、一人ひとりの能力発揮による価値創造の成果指標である「人的創造性」（人件費あたり付加価値額）を設定している。

統合報告書の中で社会価値という言葉を使っているものの、何を社会価値と考えているのか不明瞭な企業が多い中で、オムロンは社会価値を明示するだけでなく、その定量化も行っており、社会価値の創出を経済価値に変えて企業価値の最大化を目指す取組みとして理想的といえる。

4 ESG投資市場で注目のインパクト投資

■ 近年注目を集めるインパクト投資

　近年では、インパクト投資と呼ばれる投資手法を採用する投資家も増えている。インパクト投資とは、財務リターンに加えて、測定可能な社会面・環境面でのインパクト（社会的インパクト）を同時に生み出すことを意図した投資である。社会課題の解決を目指す一般社団法人社会変革推進財団（SIIF）によれば、2021年度の日本のインパクト投資額は2020年度の5,126億円から倍増し、1兆3,204億円にのぼる。資本市場の変容は目を見張るものがある。

　インパクト投資は、リスクとリターンといった2軸をベースに、第3の軸として社会的インパクトを取り入れる。社会的インパクトとは、社会的活動がもたらす変化、成果、影響である。たとえば、ある企業が途上国の子供に向けて翻訳絵本を10万冊寄付し、その結果、子供の識字率が20％向上したとしよう。インパクトに該当するのは「途上国の子供の識字率が20％向上」であり、「翻訳絵本を10万冊寄付」という結果（アウトプット）が社会にもたらしたアウトカムである。

　このように、社会的インパクトは企業が社会に提供する価値（社会価値）をより明確に示すため、その創出を意図したインパクト投資は、社会課題の解決や社会価値の創造に直結する事業への取組みを後押しすると考えられている。

■ インパクト投資を下支えするインパクト評価

　インパクト投資を下支えするのは、インパクト評価である。インパクト評価は社会的インパクトを把握するツールであり、投資家だけでなく、企業も活用できる。社会課題の解決に向けた取組みをステークホルダー

に知らせたり、リスクの予見や管理などの戦略的な意思決定にフィードバックしたりすることを目的としている。

　インパクト評価のプロセスは、①指標の設定、②データの収集、③データの分析、④結果の報告、と多岐にわたる。たとえば、長期投資に特徴を持つ英国の運用会社ベイリー・ギフォードによるインパクト投資ファンド（愛称：ポジティブ・チェンジ）のインパクト評価は次のとおりである。

　①**指標の設定**：「平等な社会・教育の実現」「環境・資源の保護」「医療・生活の質向上」「貧困層の課題解決」の４つのテーマに関連したものを設定する。

　②**データの収集**：投資先企業が開示する報告書またはエンゲージメント（対話）を通じて入手した情報に基づき、社会的インパクトを示すデータを収集する

　③**データの分析**：社会的インパクトを可視化し、そのうえで「経営者の意思」「製品・サービスのインパクト」「ビジネス・プラクティス（事業活動の方法）」の観点からスコア化し、ファンダメンタルズ分析の結果と併せて投資先企業を選定する。

　④**結果の報告**：毎月の運用状況（経済的リターンなど）の報告とともに、定期的にインパクトレポートも公表し、投資先企業がもたらした社会的インパクトの推定結果を開示する。

　図表3-7は、ベイリー・ギフォードが電気自動車の設計・製造・販売会社であるテスラを対象に行ったインパクト分析の結果の一部である。

　この例では、③データの分析のうち「ビジネス・プラクティス（事業活動の方法）」が該当する。ベイリー・ギフォードはテスラのビジネス・プラクティスに対して、労働条件や労使関係はもちろんのこと、報酬政策、ガバナンス構造、税金、多様性、環境への影響など、幅広い

図表3-7　テスラを対象にしたインパクト分析の結果

ビジネス・プラクティス（事業活動の方法）（3点満点中1点）

テスラは、労働条件や労使関係はもちろんのこと、報酬政策、ガバナンス構造、税金、多様性、環境への影響など、幅広いESG課題について、長期的かつ建設的な取り組みを行っています。一方、それを今後どう実現していくかの見通しが十分ではないと考え、高スコアには至っていません。

・株主とガバナンス

テスラのガバナンス構造を評価する際に最も考慮すべき点は、マスク氏の持ち株比率とCEOとしての役割です。マスク氏は、同社の長期戦略をコントロールし、優先順位をつけ、そして追求する権限を与えられています。

・従業員

2018年に、従業員を不必要な怪我のリスクにさらしているというメディアの根強い報道についてヒアリングを行いました。その後、トレーニング規定強化などにより、怪我の頻度と重症度の数の減少を確認しています。

・産業・環境・社会

サプライチェーンは、世界中のサプライヤーで構成されており、責任を持って生産された材料のみを調達しています。環境への影響といった意味では、ゼロエミッション車両の生産・販売を通じて、業界をリードしています。

出所：三菱UFJ国際投信（2022年4月）「ポジティブ・チェンジ戦略におけるインパクト分析の実践」9ページ

ESG課題について、長期的かつ建設的な取組みを行っていると評価している。しかし、それを今後どう実現していくのかの見通しが十分ではないとし、経営者の意思（3点満点中3点）や製品・サービスのインパクト（3点満点中2.5点）のスコアに比べて、3点満点中の1点という厳しいスコアをつけている。

■ インパクト評価の課題

インパクト評価で収集するデータは、将来的に、重要性、信頼性、比

| 図表3-8 | インパクト評価のデータに求められる5つの性質 |

重要性 （Materiality）	企業価値（経済・社会・環境）に対する投資家の評価に影響を与えたり、ポートフォリオ、取引、企業レベルの経営判断に影響を与えたりするデータであること
信頼性 （Reliability）	信頼できる方法で収集、検証されたデータであること
比較可能性 （Comparability）	一貫した基準や慣行に従って導出され、異なる投資からの結果を比較できるデータであること
追加性 （Additionality）	投資が行われなかった場合と比較して、追加的な効果を評価できるデータであること
普遍性 （Universality）	市場、地理、セクターの違いを問わず、共通した収集方法を適用できるデータであること

出所：Social Impact Investment Taskforce（SIIT）, 2014, *Measurement Impact : Subject Paper of the Impact Measurement Working Group*, pp.20-21 より筆者作成

較可能性、追加性、普遍性といった5つの性質を満たすことが望ましい（**図表3-8**）。

　しかし、把握が容易なアウトプットとは異なり、インパクトは定量化が難しいものや、そもそも定量化できないものもある。定量化できたとしても、測定上の信頼性が問われるものもある。結局のところ、社会的インパクトの測定は投資家や企業に依存せざるを得ず、その検証と比較が大きな課題とされている[6]。

　社会的インパクトの検証と比較は、実態以上にインパクトを喧伝する「インパクト・ウォッシング」への対処にもつながるため、重要なイニシアチブが複数立ち上っている。たとえば、世界銀行グループの国際金融公社（IFC）は2019年にインパクト投資におけるグローバルな市場基準「インパクト投資の運用原則」を策定し、原則との整合状況についての「独立した検証」の定期的実施を義務化した。また、企業間もしくは

---

[6] グローバル・インパクト投資ネットワーク（GIIN）が2020年にインパクト投資家を対象に行った調査によると、23％の回答者が同業者とインパクトを比較しておらず、39％が自組織のインパクトを検証していないと回答している（GIIN、2020）。

ファンド間で比較しやすくするため、後述するように、社会的インパクトの測定ツールを開発する動きが経済界やアカデミアで広がっている。

■ シングルマテリアリティとダブルマテリアリティの相克

　2021年12月、ISSB（国際サステナビリティ基準審議会）がIFRS（国際財務報告基準）財団のもとで設立された。設立の目的は、多様に存在するサステナビリティ関連の開示基準を整理統合し、国際的に統一されたサステナビリティ開示基準を作成するためである。

　たとえば、米国のSASB（サステナビリティ会計基準審議会）と欧州のGRI（グローバル・レポーティング・イニシアティブ）では、ESGのうち何を報告するのか、誰に報告するのかといった点において目指すべき方向性が異なる。SASBは報告相手として「投資家」を想定し、「環境・社会問題が企業に与える財務的影響」の報告を要求しており、いわゆるシングルマテリアリティの考え方に基づいている。他方、GRIは報告相手として広く「ステークホルダー全般」を想定し、「環境・社会問題が企業に与える財務的影響」に加えて、「企業活動が環境や社会に与えるインパクト」についても開示を要求しており、いわゆるダブルマテリアリティの考え方に基づいている。この2つの考え方が並立して、双方に有効性を主張し合っているというのが現状である。

　ISSBはシングルマテリアリティをベースラインとし、その上に、各国がそれぞれの政策に基づき開示要求を追加することを容認するビルディングブロックアプローチを提案している。これは、シングルマテリアリティを最低限必要とし、各国がダブルマテリアリティの考え方を採用することを否定しないアプローチともいえる。

　シングルマテリアリティがESGインテグレーション型投資と整合し、ダブルマテリアリティのうち「企業活動が環境や社会に与えるインパクト」がインパクト投資と整合することを前提とすれば、今後、ESGイ

ンテグレーションを行う際に有益な非財務情報がまず開示されるように
なり、インパクト投資に有益な情報開示は、国の方針あるいは企業の自
主性に委ねられると考えられる[7]。

---

[7] 岸田文雄首相は、2022年7月25日、2023年度から有価証券報告書への記載を義務付ける非財務情
　報として、①人材育成方針、男女別賃金、女性管理職比率などの人的資本、②気候変動対応などの
　サステナビリティ（持続可能性）を例示したが、これらの情報はシングルマテリアリティと整合す
　る情報である。
　　他方、統合報告書は任意開示の対象であり、有価証券報告書のように開示フォーマットが定めら
　れているわけではなく、企業の創意工夫でどのように開示することもできる。したがって、投資家
　以外のステークホルダーに向けて開示できるし、財務的影響だけでなく企業活動が社会や環境に及
　ぼすインパクトについても自由に開示できる。つまり、ダブルマテリアリティの考え方を採用する
　ことも可能である。
　　統合報告書を作成する企業数は、有価証券報告書の作成企業数には及ばないものの、年々増えて
　おり、2021年は716社が開示し、この勢いは今後も加速すると考えられる。もし社会や環境に与え
　るインパクトについての情報を自主開示する企業が増えてくると、ダブルマテリアリティの考え方
　を無視できなくなり、有価証券報告書でもダブルマテリアリティの考え方が反映されるようになる
　かもしれない。ESG投資市場のトレンド進化と企業の積極的な対応を前提に考えると、その時期は
　それほど遠くないのかもしれない。

5 インパクト測定の最前線

■ インパクト測定の動向

　本節は、ダブルマテリアリティの視点に立ち、企業活動が環境や社会に与えるインパクトの測定についての新しい試みを紹介する。

　インパクトを定量的に測定する新しい試みは、インパクトを貨幣額に換算し、最終的には財務諸表に組み込むことを目指している。インパクトの貨幣換算は、貨幣という世界共通の言語で時系列比較や企業間比較を可能とするため、経営者や投資家の意思決定の一助となると考えられている。

　この試みを行っている団体として、ハーバード・ビジネス・スクールのインパクト加重会計イニシアチブ（IWAI）とValue Balancing Alliance（VBA）があり、その概要を**図表3-9**に取りまとめた。いずれにおいても参加団体や国は多岐にわたるが、大きな特徴としてIWAIは米国のアカデミック主体、VBAは欧州の民間企業主体で進めているところにある。次項以降で各々が提供しているフレームワークや計算式の詳細に触れ、その考え方を考察する。

■ IWAIのフレームワーク、測定における計算例

　IWAIでは大きく環境、製品（顧客）、雇用（従業員等）の3つのフレームワークでインパクトの測定を行っている。

　本書は人的資本をメインテーマとしていることから、雇用（従業員等）のインパクト（以下、雇用インパクト）について詳細に触れていく。

　雇用インパクトはさらに、従業員にとって重要なインパクトとなる①賃金の質（Wage Quality）、②キャリアアップ（Career Advancement）、③機会（Opportunity）、④健康とウェルビーイング（Health and

	図表3-9　IWAIとVBAの概要	

	インパクト加重会計 イニシアチブ（IWAI）	Value Balancing Alliance （VBA）
団体の 概要	・The Global Steering Group for Impact Investment（GSG）と Impact Management Project（IMP）による共同作業であり、ジョージ・セラフェイム教授の指揮の下、ハーバード・ビジネス・スクールのImpact-Weighted Accounts Projectで開発されている	・2019年に設立された非営利団体であり、欧州の企業を中心に現在15か国が参加している（日本からは三菱ケミカル株式会社が参加） ・サポートとして4大監査法人、OECD、オックスフォード大学、ハーバード大学のIWAIが参加している
人的資本に 関する 研究状況	・2020年11月に雇用インパクトの計算式と事例分析を行ったFreiberg et al.（2020）を公表	・2021年2月にインパクト測定・貨幣換算の考え方を記したVBA（2021a）を発行 ・2021年3月にHuman-Socialに絞ったVBA（2021b）を発行 ・検討は途中段階であり、2023年完成を目指している
主な目的	・雇用インパクトの統一的フレームワークを提供すること ・インプットベースではなく、アウトカムベースの指標を用いて貨幣額に換算する方法を提供し、ビジネスと投資の意思決定における関連性と比較可能性を確保すること ・インパクト加重会計の測定の実現可能性と、複数のステークホルダーにとっての意思決定の有用性を示すこと	・インパクト測定・貨幣換算の基準を策定すること ・このインパクトがビジネスにどれだけ影響を与えるかのガイダンスを提供すること

Wellbeing）の4要素と、労働コミュニティにとって重要なインパクトとなる⑤ダイバーシティ（Diversity）、⑥ロケーション（location）の2要素の合計6要素に分解できる。6要素の説明を次ページの**図表3-10**に取りまとめた。

　「③機会」と「⑤ダイバーシティ」は、従業員の属性別（職種別、性別、人種別など）に算出する点は同じだが、「機会」は入社後の昇給機会に焦点を当て、「ダイバーシティ」は入社時の採用に焦点を当てるという点で異なる。

図表3-10 雇用インパクトの説明

ステークホルダー	要素	説明
従業員	①賃金の質 (Wage Quality)	企業が従業員に支払っている給与水準の高さと、従業員の属性間で公平性が担保されているかを確認するもの
	②キャリアアップ (Career Advancement)	各ポジションが内部の昇格によってどれだけ埋められているかを確認するもの
	③機会 (Opportunity)	多くの給与を支払っているポジションに、従業員の属性の偏りがみられないかを確認するもの
	④健康とウェルビーイング (Health and Wellbeing)	従業員の健康とウェルビーイング（傷害や事故、組織文化、福利厚生など）が確保されているかを確認するもの
労働コミュニティ	⑤ダイバーシティ (Diversity)	地域の人口統計をもとに、ダイバーシティを担保した雇用ができているかを確認するもの
	⑥ロケーション (location)	企業が存在することで、その地域の雇用にどれだけ貢献できているかを確認するもの

　ハーバード・ビジネス・スクールのフレイバーグ（Freiberg）らの論文（2020）では、この6つの要素の詳細な計算式が記されている。紙幅の都合上、雇用インパクトの大半を占める重要な要素である「①賃金の質」と「⑤ダイバーシティ」を取り上げる。

　図表3-11はインテル、メルク、アップル、コストコの開示情報から雇用インパクトの分析を行ったものである。いずれの企業においても、「①賃金の質」と「⑤ダイバーシティ」の2つの要素で雇用インパクトの90%（絶対値から算出）を超えていることがわかる。

賃金の質（Wage Quality）の計算式

A1）企業が支払っている給与合計額を計算する

A2）各従業員に支払っている給与が、居住地における必要な生活賃金を下回る金額を計算する

A3）所得の限界効用[8]を調整する

図表3-11 各社の雇用インパクト

		インテル	メルク	アップル	コストコ
従業員数		52,618	23,426	89,072	162,861
売上	$	14,303,000,000	18,212,000,000	98,061,000,000	102,286,000,000
EBITDA	$	6,571,097,189	5,885,506,597	32,138,473,262	3,865,000,000
給料	$	7,313,439,500	2,412,642,901	10,659,008,099	11,570,732,081
従業員インパクト					
賃金の質	$	6,968,926,896	2,362,558,652	10,583,352,871	10,815,362,587
キャリアアップ	$	−48,980,821	−27,045,746	103,542,779	11,261,283
機会	$	−415,218,670	−134,145,314	−416,006,634	−599,777,780
健康とウェルビーイング	$	−41,144,207	−25,992,473	20,738,712	−57,653,431
小計	$	6,463,583,198	2,175,375,119	10,291,627,728	10,169,192,859
労働コミュニティインパクト					
ダイバーシティ	$	−2,319,192,138	−351,452,127	−2,709,616,423	−940,026,964
ロケーション	$	401,391,204	105,763,520	348,062,104	390,159,336
小計	$	−1,917,800,935	−245,688,607	−2,361,554,319	−549,867,629
全インパクト	$	4,545,782,264	1,929,686,512	7,930,073,409	9,619,325,230

出所：Freiberg, D., K. Panella, G. Serafeim, and T. R. Zochowski, 2020, Accounting for Organizational Employment Impact, *Harvard working Paper*, p.61 より筆者作成

A4）属性ごとの賃金格差を計算する（例：男性と女性の賃金格差）

A5）A1からA2〜4を差し引き、賃金の質のインパクトを算出する

　上記計算式から、賃金の質は、

- 従業員に支払っている給与と各従業員の居住地の生活賃金との差
- 属性間の賃金格差

などを考慮し、計算されていることがわかる。したがって、従業員に支払っている給与が生活賃金より多いほど、また、属性間の格差が小さいほど、賃金の質のインパクトは大きく計算されることがわかる。

---

[8] 限界効用とは、財を1単位多く消費することで得られる効用の変化を表す。一定の給与（13万ドル）から限界効用が低下すると仮定し、13万ドル以上の給与に限界効用を掛け合わせ、限界効用調整後の給与を計算している。

賃金の質のインパクト

（A1）給与合計額	$	7,313,439,500
（A2）生活賃金を下回る給料	$	−43,190,560
生活賃金調整後の給与	$	7,270,248,940
（A3）限界効用の調整	$	−301,322,044
限界効用調整後の給与	$	6,968,926,896
（A4）賃金格差	$	−465,488,325
賃金格差調整後の給与	$	6,503,438,571
（A5）賃金の質のインパクト	$	6,503,438,571

出所：Freiberg, D., K. Panella, G. Serafeim, and T. R. Zochowski, 2020, Accounting for Organizational Employment Impact, *Harvard working Paper*, p.16 より筆者作成

	White	Black	NHPI	Asian	American Indian	Two+	Hispanic/Latino
男性							
従業員数	18,621	1,775	102	13,446	294	532	3,686
従業員比率	35.4%	3.4%	0.2%	25.6%	0.6%	1.0%	7.0%
地域の人口統計	26.6%	2.4%	0.3%	7.0%	0.9%	2.1%	10.4%
欠員	N/A	N/A	36	N/A	200	552	1,812
男性インパクト	$0	$0	−$4,722,095	$0	−$26,073,412	−$71,983,428	−$236,175,094
女性							
従業員数	5,290	612	36	6,722	101	205	1,196
従業員比率	10.1%	1.2%	0.1%	12.8%	0.2%	0.4%	2.3%
地域の人口統計	27.3%	2.3%	0.3%	7.4%	1.0%	2.1%	10.2%
欠員	9,053	578	101	N/A	404	894	4,166
女性インパクト	−$1,179,754,002	−$75,261,033	−$13,150,553	$0	−$52,647,343	−$116,506,776	−$542,918,403
男性インパクトの合計額	−$338,954,029						
女性インパクトの合計額	−$1,980,238,109						
ダイバーシティのインパクト	−$2,319,192,138						

出所：Freiberg, D., K. Panella, G. Serafeim, and T. R. Zochowski, 2020, Accounting for Organizational Employment Impact, *Harvard working Paper*, p.51 より筆者作成

ダイバーシティ（Diversity）の計算式

B1）自社の総従業員数を確認する

B2）性別や人種別など属性別に従業員数とその割合を計算する（**図表 3-13** では「従業員数」「従業員比率」）

B3）地域の人口統計などから属性別に人口の割合を計算し、雇用すべ

き「期待割合」とする（**図表3-13**では「地域の人口統計」）

B4）B2の「従業員比率」がB3の「期待割合」を下回る場合に「欠員」とし、平均給与を加重平均し、貨幣幣算する（**図表3-13**では「男性インパクト」と「女性インパクト」）

B5）B4で算出したすべての値を合計しダイバーシティのインパクトを算出する（**図表3-13**では「ダイバーシティのインパクト」）

　ダイバーシティは、性別や人種別の従業員比率が地域の人口統計より低い場合、マイナスのインパクトとして計上されていることがわかる。一方で、従業員比率が地域の人口統計より高い場合は、プラスではなく\$0として計算されていることから、ダイバーシティインパクトの最大値は0であるといえる。

　その理由として、従業員比率が地域の人口統計を上回るWhite（男性）、Black（男性）、Asian（男性・女性）に正のインパクトを与えると、本来の目的であるダイバーシティのインパクトを適切に測れないことが背景にあると考えられる。

　IWAIはさらに、この雇用インパクト会計の実用可能性を確認するため、米国企業2,682社の雇用インパクトを測定し、ESG評価機関のESGスコアや企業価値、離職率などとの関係性を検証している。その一部を紹介したい。

　まず、代表的なESG評価機関であるリフィニティブ、サステナリティクス、MSCIのESGスコアとの関係については、リフィニティブとサステナリティクスのESGスコアとはそれぞれ1％水準で有意な正の相関があるのに対して、MSCIのESGスコアとは正の相関があるものの、統計的に有意でないことを明らかにしている。

　次に、離職率との関係については、全体では負の相関があり、とくにソフトウェア業では最も強い負の相関が見られることを示している。

さらに企業価値との関係については、全体では正の相関があり、とくに航空貨物およびロジスティクス業、建設業で強い正の相関が見られることを示している。

　その他にも事例分析など複数の研究が蓄積されており、雇用インパクトの実用可能性が検証されている。近年ではすでにIWAIのフレームワークに則り、情報開示している企業も存在する。ここでは具体的な開示事例として、スペインのアクシオナの事例を取り上げたい。

　アクシオナは2020年のサステナビリティレポートの中で、IWAIが対象とする環境、製品（顧客）、雇用（従業員等）といったインパクトをすべて開示している。雇用インパクトについては、「賃金の質」「機会」「ダイバーシティ」「ロケーション」の4つを次の定義とともに取り上げている。

- 賃金の質：従業員に支払う給与の質を測定。各国の最低生活賃金と性別間の給与格差に応じて調整を実施
- 機会：上級職に就く際の男女間の機会の差を測定
- ダイバーシティ：労働力の人口構成と各国の人口構成の類似性を測定
- ロケーション：企業がその地域に存在しなかった場合の仮想失業率に基づき、地元の雇用に貢献している価値を測定

　図表3-14を確認すると、アクシオナもインテルやアップルと同様に「賃金の質」において、社会に大きくインパクトを与えていることがわかる。

　日本では、すべてのインパクトを測定し開示している企業はまだ存在しないが、エーザイが価値創造レポートの中で「雇用インパクト」を測定し開示している。エーザイもアクシオナと同様で「賃金の質」「機会」「ダイバーシティ」「ロケーション」の4つを取り上げ以下の定義とともに開示している。

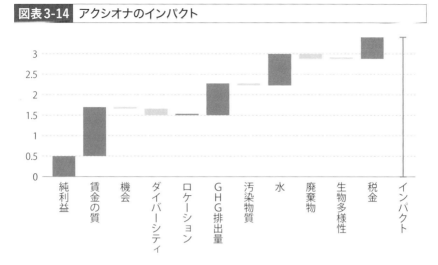

図表3-14　アクシオナのインパクト

出所：ACCIONA, *Sustainability Report 2020*, p.26より筆者作成

- 賃金の質：年収に合わせた限界効用と男女の賃金格差を調整し測定
- 従業員の機会（機会）：昇格昇給における男女差を調整し測定
- ダイバーシティ：日本とエーザイの労働人口の男女比を調整し測定
- 地域社会への貢献（ロケーション）：地域の失業率、従業員数、平均年収と最低保障との差分の3つを掛け合わせて測定

　図表3-15を確認すると、エーザイは2019年度に合計で269億円の正の雇用インパクトを創出したことがわかる。給与総額は358億円であるので、同社の人財投資効率（雇用インパクト÷給与総額）は約75％となり、米国の優良企業と比較しても高い数値であることが同社専務執行役CFO柳良平氏（2021）によって示されている。

　ここで注目したいのは、各社が取り上げている要素である。IWAIのフレームワークで示されているのは6要素であるのに対して、アクシオナとエーザイが取り上げているのは、「賃金の質」「機会（従業員の機

図表3-15　エーザイの雇用インパクト

エーザイ従業員インパクト会計（単体）				(単位：億円)
年度	2019			
従業員数	3,207			
売上収益	2,469			
EBITDA	611			
給与合計	358			
従業員へのインパクト	インパクト	EBITDA（%）	売上収益（%）	給与（%）
賃金の質	343	55.99%	13.87%	95.83%
従業員の機会	−7	−1.17%	−0.29%	−2.00%
小計	335	54.82%	13.59%	93.83%
労働者のコミュニティへのインパクト	インパクト	EBITDA（%）	売上収益（%）	給与（%）
ダイバーシティ	−78	−12.70%	−3.15%	−21.73%
地域社会への貢献	11	1.81%	0.45%	3.09%
小計	−67	−10.89%	−2.70%	−18.64%
Total Impact	269	43.93%	10.89%	75.19%

出所：エーザイ「価値創造レポート2021」59ページより筆者作成

会）」「ダイバーシティ」「ロケーション（地域社会への貢献）」の4要素のみである。また、各要素の計算式においても、事業展開している地域や特性に応じて変更を加えている。たとえば、ダイバーシティはIWAIの計算式上では、性別と人種の組み合わせで測定しているが、エーザイは性別のみで測定している。

　以上のように、2社ともIWAIの要素や計算式をそのまま使用するのではなく、独自で加工したうえで使用している。IWAIのフレームワークは米国を主導に開発されたものであるが、日本の労働慣行に合わせて、要素や計算式を部分的に変更することが認められている。IWAIの「キャリアアップ」も、（近年は変わりつつあるが）終身雇用を前提とする日本企業と前提としない米国企業では、昇格の在り方が大きく異なる。終身雇用を前提とする場合、内部昇格率はほぼ100％に近い値となるため、日本独自の慣行に合わせて、選択する要素とその計算式を部分的に変更することは、今後も必要になると考えられる。

■ VBAのフレームワーク、測定における計算例

　次に、民間企業主体で進めているVBAの活動について取り上げる。VBAの主な目的は、**図表3-9**でまとめたとおり、①インパクト測定・貨幣換算（Impact Measurement and Valuation：IMV）の基準を策定することと、②このインパクトがビジネスにどれだけ影響を与えるかのガイダンス[9]を提供することにある。

　図表3-16はIMVまでの一連の流れであり、左から

- Input：事業活動に利用された資源は？
- Output：行われた事業活動は？
- Outcome：事業活動により変化したことは？
- Impact：アウトカムが社会に与えた影響は？
- Value of impacts：インパクトをどう貨幣換算するか？

を示している。これらの中で、VBAはOutcomeからValue of Impacts

図表3-16　VBAによるインパクト測定・貨幣換算

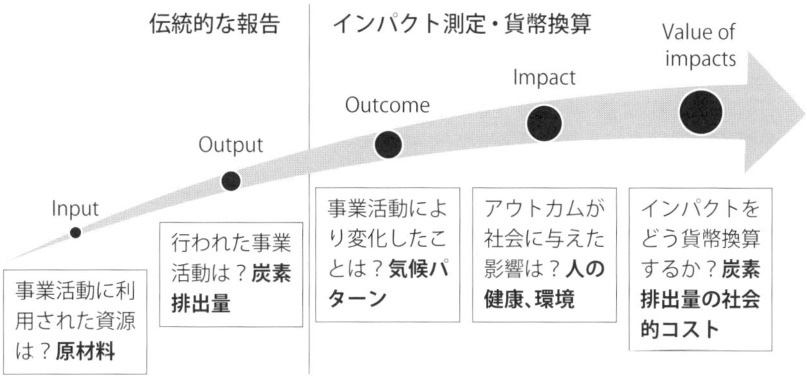

出所：VBA, 2021a, *Methodology Impact Statement General Paper Version 0.1*, p.9より筆者作成

---

[9] ガイダンスとは、法令、基準、ガイドライン（指針）を遵守するうえで、より細かい解釈方法や行動すべき内容をまとめたものをいう。

までをIMVの対象としている。VBAの特徴は、InputからValue of impactsまでを結び付けて一連の流れで説明している点、およびOutcomeとImpactを分けて定義している点にあると考えられる。

VBAは①経済（Economics）、②人材と社会（Human and social）、③環境（Environment）といった3つの領域を対象にしており、人的資本は②に含められる。また、②人材と社会の領域は、さらに労働安全衛生（Occupational health and safety）と能力開発（Training）の2つに分けられる。前者はIWAIの「健康とウェルビーイング（Health and Wellbeing）」に近い考え方である。

以下では、②人材と社会の2つのインパクトの計算式を紹介する。

労働安全衛生（Occupational health and safety）の計算式

C1）けがや病気の重症度別（短期休養から死亡まで5段階に分類）に事故の件数を確認する

C2）従業員とそのコミュニティが負担するコスト[10]と事故の件数を掛け合わせる

C3）GDPを介して適切な国の値に変換、インフレの修正

能力開発（Training）の計算式[11]

D1）計算に必要な以下の要素を確認する

　　対象年に提供された能力開発の合計時間、従業員の平均給与、従業員の平均年齢、従業員の離職率

---

[10] オーストラリアでかかるコストをベースにしている。理由は、労働関連の事故や病気に関する研究がほとんどないなかで、Safe Work Australia（2015）では包括的な研究が行われており、事故の直接的および間接的なコストが計算されているからである。

[11] 本要素は、従業員のスキルと能力を向上させることの社会に対するインパクトを測ることにフォーカスをあてている。しかし、まだ開発途中であるため、「従業員の教育に対するインパクト」のみの計算式が開示されている。

D2）D1の各要素を下記の計算式に当てはめ、インパクトを算出する

$$\sum_{j=1}^{n} \sum_{i=0}^{m} \frac{\left(e^{a}\frac{Tc}{Tn}\right)i,j}{(1+\beta)i} wj\gamma j$$

a = j国の能力開発係数、β = 割引率、γ_j = j国の離職率、Tc = j国の能力開発の合計時間、
Tn = j国の標準的な能力開発の合計時間、i = 期間、j = 能力開発を行った国、
m = j国の年金受給年齢 − 平均年齢、n = 事業展開している国の総数、w_j = j国の総賃金

　ここで離職率を掛け合わせている理由は、VBAのインパクトに対する考え方が大きく関係する。VBAは企業が社会に与えるインパクトをより強調しており、能力開発による現雇用主への影響は財務指標に反映されるとして、インパクトに含めていない（**図表3-17**の薄いグレーの部分）。むしろ、能力開発を受けた従業員が離職した時点から、将来得られるであろう賃金の上昇分が、購売力の向上や所得税の増加を通じて社会に利益をもたらすと考え、これらの利益をインパクトとして測定している（**図表3-17**の濃いグレーの部分）。

　また、VBAもIWAIと同様に2020年にVBAに加盟している7業種11

図表3-17 能力開発の波及効果の考え方

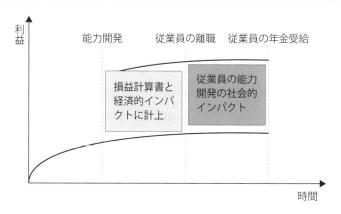

出所：VBA, 2021b, *Methodology Impact Statement Focus：Socio-economy Version 01*, p.14より筆者作成

社が参画し、パイロットスタディを行っている（VBA, 2021c）。本スタディでは、参加企業のサプライチェーン全体で、①経済、②人材と社会、③環境の3要素のインパクトを測定し、企業名を伏せて算出結果を開示している。ただし、計算式を含め、未だ開発中である。

　一方で、先んじてVBAを取り入れている動きもある。VBAの創設メンバーであるドイツの化学メーカーBASFは、自社のHPにおいて、Value-to-Society（社会への価値）という名称でインパクトの開示を行っている[12]。BASFが開示する項目は、VBAが提唱する項目とは若干異なるものの[13]、2013年から継続的に開示を行っているのは驚くべきことである。

　また、投資家サイドでもVBAを使って測定する動きがある。りそなアセットマネジメントは2020-2021年のスチュワードシップ・レポートの社長コメントの中で、VBAを活用したインパクト評価の実施について、次のように明記している。

　「エンゲージメントテーマのうち気候変動、森林再生、雇用創出を中心にインパクト評価の先端フレームワークであるValue Balancing Allianceを活用してインパクト評価を実施しました。こうした枠組み構築を通じてインテグレーション、エンゲージメント、インパクト評価を行う道筋を整えてきたわけです[14]。」

　このように、VBAのフレームワークは未だ開発中であるものの、一部の先進企業や機関投資家の間で実用化が進んでいる。

---

[12] BASFのHP　https://www.basf.com/global/en/who-we-are/sustainability/we-drive-sustainable-solutions/quantifying-sustainability/value-to-society.html

[13] BASFが人材と社会で開示する項目は、税金（Taxes）、賃金・福利厚生（Wages & benefits）、人的資本（Human capital）、健康・安全（Health & safety）の4つである。

[14] りそなアセットマネジメント株式会社「STEWARDSHIP REPORT2020/2021」https://www.resona-am.co.jp/investors/pdf/ssc_report2020-2021.pdf

■ インパクト測定のまとめ

　ここまで、IWAIとVBAの研究を取り上げながら、インパクト測定・貨幣換算の動向をまとめてきた。最後に、IWAIとVBAの相違点と、これらを今後日本で展開するうえでの検討事項を考察し、本章のまとめとしたい。

① IWAIとVBAの相違点

　まず、大きな相違点として挙げられるのは、捉えるインパクトの範囲の違いである。IWAIの雇用インパクトは、従業員にとって重要なインパクトとなる「従業員インパクト」と労働コミュニティにとって重要なインパクトとなる「労働コミュニティ・インパクト」を対象としており、**図表3-18**の濃いグレーの部分である「幅広い社会的インパクト」は対象には含められていない。

　VBAでは、能力開発で紹介したとおり、能力開発による従業員の成

図表3-18 IWAIの雇用インパクトの全体像

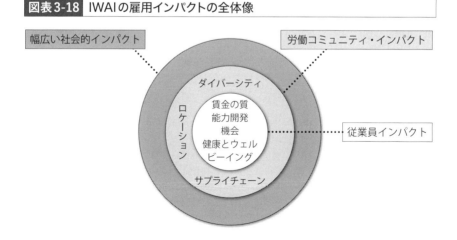

出所：Freiberg, D., K. Panella, G. Serafeim, and T. R. Zochowski, 2020, Accounting for Organizational Employment Impact, *Harvard working Paper*, p.4より筆者作成

長や生産性の向上をインパクトとするのではなく、能力開発を受けた従業員の賃金上昇が、購買力の向上や所得税の増加を通じて社会にもたらす利益をインパクトとしている。つまり、VBAは「幅広い社会的インパクト」を対象に含めているといえる。これは、欧州の企業を中心に構成されたVBAが、企業の社会的責任をより強調し、企業活動が社会に与える負のインパクトの統制を強化しているためと考えられる。

次に、相違点として挙げられるのは、取り上げる要素の違いである。計算式からわかるように、IWAIでは性別や人種別を意識したインパクトが多くみられる。賃金の質では男女間での賃金格差、機会では属性間での昇給機会の差、ダイバーシティでは性別や人種別による雇用の差を測定している。それに対して、VBAではいずれも触れられておらず、問題意識の差が顕著に表れている。

②日本に展開するうえでの検討事項

最後に、わが国におけるインパクト測定・貨幣換算の今後の展開を検討したい。

IWAIについては、すでにエーザイが雇用インパクトを算定し、それが複数のメディアで取り上げられているが、日本での認知度がまだ十分に高いとは言えない。その理由として、人的資本の開示自体が検討段階にあることに加えて、インパクト測定のフレームワークが現時点では開発中であることも挙げられる。すでに実用可能性を検証した研究も蓄積されているが、「賃金の質」と「ダイバーシティ」の2要素が雇用インパクトの大半を占めており、これら2つを重視せざるを得ない。これに対して、女性管理職比率を目標に挙げている企業も多いなかで、男女間での昇給機会の公平性をとらえた「機会」の要素を重視しなくてもよいのか、やや疑問が残る。

人的資本のインパクトを貨幣換算するということで、シンプルさや実

用性が上がる一方、雇用インパクトの合計値だけが独り歩きすることも避けたい。重要なのは、各要素の値とその値の経年変化である。したがって、各要素の計算式の妥当性を検討することが求められる。

　たとえば、IWAIの「キャリアアップ」は、図表3-10で示したように、各ポジションが内部の昇格によってどれだけ埋められているかを確証するものであり、内部の昇格率を業界のベンチマークと比較し、そのギャップによってインパクトを測定する。このベンチマークによってインパクトの値が大きく変わってくるため、ベンチマークの妥当性を検討する必要がある。また、終身雇用を未だ前提としている企業が多い日本では、内部の昇格率が高くなることは容易に想定でき、他国との単純な比較は困難である。さらに、インパクトは評価制度や採用、異動配置などの個社の考え方にも強く影響を受けるため、企業間の比較においても慎重な検討が必要となる。

　これらの課題は、インパクト測定のフレームワークが世界中の企業に活用されていくなかでブラッシュアップされていくだろう。今後、日本企業でも活用事例が増えることが望まれるが、フレームワークやその計算式に則り、機械的にインパクト測定するのではなく、自社のインパクトを適切に表現するための要素や計算式についての検討がまず行われることを期待したい。

参考文献

・Fadhel,A., K. Panella, E. Rouen, and G. Serafeim, 2021, "Accounting for Employment Impact at Scale." *Harvard Business School Working Paper, No. 22-018.*
・Freiberg,D., K. Panella, G. Serafeim, and T.R. Zochowski, 2020, "Accounting for Organizational Employment Impact." *Harvard Business School Working Paper, No. 21-050.*
・Global Sustainable Investment Alliance（GSIA）, 2021, *Global Sustainable Investment Review 2020.*

- Global Impact Investing Network（GIIN）, 2020, *Annual Impact Investor Survey 2020.*
- GSG国内諮問委員会『インパクト投資拡大に向けた提言書2019』、2021年。
- Safe Work Australia, 2015, The Cost of Work-related Indury and Illness for Australian Employers,, Workers and the Community：2012-2013.
- Serafeim,G., T.R. Zochowski, and J. Downing, 2019, *Impact-Weighted Financial Accounts：The Missing Piece for an Impact Economy,* Harvard Business School.
- Social Impact Investment Taskforce（SIIT）, 2014, *Measurement Impact：Subject Paper of the Impact Measurement Working Group.*
- VBA（2021a）, *Methodology Impact Statement General Paper Version 0.1.*
- VBA（2021b）, *Methodology Impact Statement Focus：Socio-Economy Version 0.1.*
- VBA（2021c）, *VBA First Pilot Study.*
- デロイト・トーマツ「第四次産業革命における世界の経営者の意識調査（2020年版）」、2020年。
- 柳良平「従業員インパクト会計の統合報告書での開示：インパクト加重会計イニシアティブの日本第1号として」『月間資本市場』第433号、2021年、pp.24-34。

第 **2** 部

人的資本開示の実務

第 4 章

国際標準 ISO 30414
への対応

1 ISO 30414準拠企業の増加

■ 人材マネジメント領域への投資判断メトリック

人的資本の情報開示のためのガイドラインISO 30414では内部報告として58メトリック、外部報告として23メトリックが示されている。58のメトリックを活用して人的資本経営を実行し、資本市場や労働市場等の外部には、23のメトリックを活用して人的資本開示をするということである。

2018年12月にISO 30414が出版されたのに伴い、ISO 30414に準拠して人的資本経営や人的資本開示をする企業が増えてきた。ISO 30414の認証を取得した企業は、2020年会計年度では世界で2社だったのが2021年会計年度では世界で6社に増え、2022年会計年度ではさらなる増加が予想される。加えて、第1章で既述したように、ISO 30414認証を取得できていないまでも、ISO 30414への準拠を意識した人的資本報告書が増加している。

ISO 30414のベースの考え方は人材マネジメントにROI（Return On Investment：投資利益率）の考え方を導入することであり、人材マネジメントのどの領域にどう投資をすることが最適か経営判断する。

ROIを測るにおいて、ISO 30414では、生産性のメトリックとして2つ示されている。1つは、「従業員1人当たり売上高／利益等」であり、もう1つは「人的資本ROI」である。企業全体のROIを測る場合はこれらのメトリックが活用できる。人的資本ROIは聞きなれないと思われるので以下に解説する。

人的資本ROIの計算式は以下である。

人的資本ROI＝（売上高－人件費を除く経費）÷人件費－1

　シンプルに表現すると、人的資本ROIは人件費に対してどの程度の利益が出ているかを％で示すものである。人件費は給与・報酬に社会保険料や福利厚生の費用などを加えたものであり、従業員に対し企業が負担する総コストということである。

■ ステークホルダーとの関係性を見える化する

　人的資本ROIを高めることが重要であることは当然のことではあるが、この計算式の各変数は企業の各ステークホルダーの変数でもあり、それぞれのステークホルダーをどう扱っているかも見える化される。

　企業にとってのステークホルダーは大きく以下の5つに分けられる。ワークフォースは常勤従業員に加え、非常勤従業員や臨時ワーカーなども含めたものである。さらにCSR（Corporate Social Responsibility：企業の社会的責任）等の活動で社会貢献をしている企業にとっては社会もステークホルダーに含まれる。

- 顧客
- ワークフォース
- サプライヤー
- 株主
- 政府機関

　図表4-1に人的資本ROIの各変数とステークホルダーとの関係を示す。人的資本ROIを構成する各変数において数字が見える化されると、どのステークホルダーをどの程度大事にしているのかが見える。「ステークホルダー資本主義」という概念が広がり始めているが、サプライヤーや従業員の犠牲の上に利益を創出するのではなく、すべてのステークホルダーを大切に扱ったうえで利益を創出することがこれからの企業経営

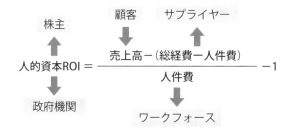

に求められており、人的資本ROIのメトリックはそれをステークホルダー資本主義に則った企業経営ができているかが表現されるメトリックでもある。

■ 11の人的資本領域をどう扱うか

ISO 30414では以下の11の人的資本領域が示されており、どの人的資本領域にどう投資をすれば、「従業員1人当たり売上高／利益等」や「人的資本ROI」が高まるかを定量的に見ていく。各社の人的資本報告書を見ると、どのメトリックがROIに効いているのかを定量的に判断し、重要なメトリックをKPI（Key Performance Indicator：重要業績評価指標）に設定して人的資本経営を実行している。

1．ワークフォース可用性（Workforce availability）
2．ダイバーシティ（Diversity）
3．リーダーシップ（Leadership）
4．後継者計画（Succession planning）
5．採用、異動、離職（Recruitment, mobility and turnover）
6．スキル、ケイパビリティ（Skills and capabilities）
7．コスト（Costs）
8．生産性（Productivity）

9．組織文化（Organizational culture）

10．組織の健康、安全、ウェルビーイング（Organizational health, safety and well-being）

11．コンプライアンス、倫理（Compliance and ethics）

また、それぞれ人的資本領域でROIを設定することもできる。人的資本への投資は大きく分けると以下に分けられる。

- 個々の人材力を高めるための投資
- 企業の組織力を高めるための投資
- HCM（Human Capital Management）アプリケーションへの投資

個々の人材力を高めるための投資には、給与、報酬、社会保険、福利厚生といった人件費を構成する投資に加え、L&D（Learning & Development：学習と開発）の投資などがある。

企業の組織力を高めるための投資としては、ダイバーシティを強化すること、リーダーシップ力を強化すること、後継者計画を充実させること、従業員エンゲージメントを高めることなどを通してより良い企業文化を作ること、組織の健康、安全、ウェルビーイングを高めること、コンプライアンスを守り、倫理観を高めることなどがある。

HCMアプリケーションは企業の人事や人材マネジメントのための情報通信システムである。HCMアプリケーション市場は2010年代に入ってから年々成長しており、データを活用して行うHuman Capital Management（＝人的資本経営）のニーズが年々高まっていると言える。

たとえば、離職コストがISO 30414のメトリックとして示されている。離職コストは、離職によって新たに人材を採用し戦力化するためのコストや、離職によって失う機会コストなどが含まれ、とくにクリティカルポジションにつく人材の離職コストは大きい。そのため、離職率を高め

図表4-2 バンク・オブ・アメリカの従業員エンゲージメントと離職率との関係

出所：Bank of America「Human Capital Management update」p.12
file:///Users/nemotonemoto/Downloads/HCM_booklet_030222.pdf

る活動への投資は重要であり、それらの活動によって削減される離職コストをリターンとして置き、ROIを計算し、投資判断をする。

　図表4-2にバンク・オブ・アメリカが2022年3月に開示した人的資本報告書の中で示されている従業員エンゲージメントと離職率との関係の推移を示す。バンク・オブ・アメリカでは、従業員エンゲージメントが高まると離職率が下がるという関係性から、離職率を下げるために従業員エンゲージメントを高める活動に投資をしていることがわかる。

2 世界のISO 30414認証ビジネス

■ 世界の主な認証機関

　ISOの人材マネジメントの専門委員会（TC：Technical Committee）であるISO/TC 260の主要メンバーを中心にISO 30414の認証ビジネスが活発化している。ISO 30414の認証ビジネスには、企業の人的資本報告がISO 30414に準拠していることを認証するもの（企業に対する認証）と、企業の人的資本報告がISO 30414に準拠しているかどうかについてはアセスメントやコンサルティングをするプロフェッショナルを認証するもの（個人に対する認証）がある。

　企業に対してISO 30414認証を提供する機関は、現在世界で10機関程度存在する。以下に認証機関の例を記す。（　）内には本社が位置する国を示す。

- 4C GROUP（ドイツ）
- HR Metrics（パキスタン）
- HCM Metrics（英国）
- HCプロデュース（日本）
- HR Learnin（アラブ首長国連邦）
- HCMI（米国）
- HRM Advisory（オーストラリア）
- Work Wiser International（オーストラリア）

　ISO 30414認証ビジネスは2020年に開始され、2020年会計年度にISO 30414認証を取得する企業が出現した。2021年会計年度も含めたISO 30414認証取得事例を**図表4-3**に示す。2022年会計年度においてもISO 30414認証取得に動いている企業は増えており、ISO 30414認証取得事

図表4-3	ISO 30414認証取得事例		
会計年度	ISO 30414認証取得企業	人的資本報告書タイトル	認証機関
2020年	DWS（ドイチェ・アセット・マネジメント）	DWS Human Capital	4C Group
	ドイツ銀行	Human Resource Report 2020	4C Group
2021年	ドイツ銀行	Human Resource Report 2021	4C Group
	Digital Future Group	Human Capital Report	HCM Metrics
	アリアンツ	People Fact Book 2021	4C Group
	リンクアンドモチベーショングループ	Human Capital Report 2021	HR Metrics / HCプロデュース
	インフィニオン・テクノロジーズ	HR Report 2021	4C Group

例は年々増えていくと予想される。

■ 認証取得の３つのステップ

　初めてISO 30414認証を取得する際は、おおむね以下のステップでアクションを取る。

ステップ1：フィット＆ギャップ分析

　58のメトリックについて過去3年分のデータを整備する必要があり、どのメトリックでデータが揃えることができ、どのメトリックでデータが揃っていないかを分析する。

ステップ2：ギャップを埋めるアクション

　ステップ1で揃っていないデータについてはデータを揃えるアクションを取る。58のメトリックの中で自社にとって不要なメトリックがある場合は、不要である理由を示す。

データを揃えたうえで、いつでもどこでも58のメトリックが整えられる仕組み（情報通信システム等）を構築する。

ステップ3：人的資本報告書の作成

経営戦略に整合した人材戦略に応じてナラティブ（Narrative）を作り、ナラティブに沿って人的資本報告書を作成する。ナラティブとは「語る相手が腹落ちする物語」のことであり、開示する対象を意識して相手が腹落ちする物語にする。ちなみに、同じく物語の意味をもつストーリー（Story）は「語り手が語りたい一方的な物語」であり、同じ物語でも意味合いが異なる。

ISO 30414のアセスメントやコンサルティングをするプロフェッショナルの認証はHR Metricsがビジネス展開しており、日本ではHR Metrics監修のもと、HCプロデュースが展開している。認証試験にパスすると「ISO 30414リードコンサルタント／アセッサー」として認められる。筆者らは2020年10月に日本で初めてのISO 30414リードコンサルタント／アセッサーを取得したが、その後、認証取得者は日本国内でも続々と増えており、日本国内でもISO 30414に準拠する動きは加速している。

リンクアンドモチベーショングループ
「エンゲージメント経営システム」の実現

Q ISO 30414 を取得した理由、狙い、背景は？

（同社林幸弘氏）2000 年の創業以来、当社は組織人事コンサルティングのパイオニアとして、多くの顧客企業の変革を支援してきた。そして、言行一致を実現すべく、当社では顧客に提供するサービスを自社の経営にも適用し、グループ全12社を対象に、従業員エンゲージメントを起点にした「エンゲージメント経営システム」を構築している。エンゲージメントを中心に据えた経営技術は、世界に誇れる内容であると考えている。

世界的に人的資本に対する注目度が高まっているなかで、単に経営技術を欧米から輸入するのではなく、逆に世界に対してメッセージを示していきたい、そのためには「隗（かい）より始めよ」で、まずは弊社が世界の共通言語となりうるこの ISO 認証を取得しようと考えた。

Q 「世界の共通言語」という点について、もう少し具体的な説明を。

（同社大島崇氏）当社の場合には、日本ローカルの雇用システムを前提とした「モチベーションエンジニアリング」という経営技術をベースに組織と個人に変革の機会を提供する、という事業を展開しているが、この言葉だけでは海外から見たときに、あるいは投資家にとって、わかりにくい面がある。そこで、ISO という世界共通のものさしに乗っていくことにより、けっして独りよがりではない形、比較可能な形で当社の強みをアピールしていければ、と考えている。さらにその先には、この経営技術を海外にも打ち出していきたい、

という構想も持っている。

（林氏）より具体的には、国際認証のISOで挙げられている58項目に、当社のエンゲージメント経営システムがどのように連関しているのか、ということを1つ1つ示していくことが、今回の取組みの主眼であったと思っている。

図表4-4	組織・人財戦略と ISO 30414 の紐付け

組織・人材戦略

- 7-2　人的資本ROI
- 5-1　エンゲージメント/満足度/コミットメント
- ―　DXスコア
- ―　エンゲージメント：理念戦略の位置
- ―　エンゲージメント：属性別

採用

2-5	一人当り採用コスト	―	採用サーベイ：理念戦略の位置
2-6	採用コスト	―	採用人数（新卒）
8-3	採用にかかる平均日数	―	採用人数（中途）
3-5	労働力のダイバーシティ		

育成

4-1	リーダーシップに対する信頼	10-2	後継者候補準備率
4-3	リーダーシップ開発	10-3	後継者の継承準備度（即時）
8-10	内部異動数	10-4	後継者の継承準備度（1〜3/4〜5年）
8-11	幹部候補の準備度	―	同領域在籍期間
9-1	人材開発・研修の総費用	―	TOP GUN SELECTION：参加人数

制度

1-1	提起された苦情の種類と件数	8-12	離職率
1-2	懲戒処分の種類と件数	8-13	自発的離職率
1-3	倫理とコンプラ研修を受けた従業員割合	8-14	痛手となる自発的離職率
1-5	外部監査で指摘された事項の数と種類	8-15	離職の理由
2-3	総給与に対する特定職の報酬割合	―	アワード数
5-2	従業員の定着率	―	月額給与平均
		―	年報酬額平均
		―	個人評価点平均

風土

- ―　グループ総会参加者
- ―　Top Comment閲覧率
- ―　コミュニケーション投資額

当社の組織・人材戦略は「人的資本ROI」「エンゲージメント／満足度／コミットメント」が中心に置かれており、そのサブシステムとして「採用」「育成」「制度」「風土」が配置されているという構造であるため、それぞれの構成要素にどのISO項目が関連付けられているのかを明示した。ISO項目はこれでほぼすべてをカバーできていると考えている。

Q ISO取得に向けて、実務上どんなところが難所だったのか？

（林氏）ISO 30414はジョブ型モデルを前提としているため、その部分を自社の実態に沿わせるためのいわば"翻訳"作業が非常に難しく感じた。とくに「8. 採用・異動・離職」のうち、「内部登用率」「重要ポストの内部登用率」「全空席中の重要ポストの空席率」、また「2. コスト」のうち、「離職に伴うコスト」といったあたりをどうするかについては、どの会社でも悩まれるのではないかと思う。

　たとえば、離職に伴う1日あたりのコスト、と言われても、日本企業の場合にはみんなで少しずつ埋めたり兼務したりして、それほどのコスト負担を感じない、ということもある。あるいは、どれが「重要ポスト」なのかと問われれば、経営陣と管理本部と部門長とでセンシティブな合意が必要な場合もあろう。こうしたいわゆる"フィット＆ギャップ"の問題や、算出方法の難しさはあった。

　一例として、「8-6. 内部登用率」を当社ではどのように算出したのかを示す。

　いずれにせよ、こうして経営指標の定義を改めて見つめ直していくなかで、それを見た従業員が経営陣の意思や力点の置き方の再確認ができたという点は、副次的ながら大きな成果であったと感じている。

図表4-5　ISO 30414におけるジョブ型を前提とした指標

1｜倫理とコンプライアンス
◇提起された苦情の種類と件数
◇懲戒処分の種類と件数
◆倫理とコンプラ研修を受けた従業員割合
・第三者に解決を委ねられた係争
・外部監査で指摘された事項の数と種類

2｜コスト
◆総労働力コスト
・外部労働力コスト
・総給与に対する特定職の報酬割合
・総雇用コスト
・一人当り採用コスト
・採用コスト
・**離職に伴うコスト**

3｜ダイバーシティ
◇労働力のダイバーシティ（年齢）
◇労働力のダイバーシティ（性別）
◇労働力のダイバーシティ（障害者）
◇労働力のダイバーシティ（その他）
◇労働力のダイバーシティ（経営陣）

4｜リーダーシップ
◇リーダーシップに対する信頼
・管理職一人当りの部下数
・リーダーシップ開発

5｜組織風土
・エンゲージメント/満足度/コミットメント
・従業員の定着率

6｜安全・健康・幸福
◇労災により失われた時間
◆労災の件数
◆労災による死亡者数
・健康・安全研修の受講割合

7｜生産性
◆従業員一人当りの業績
◆人的資本ROI

8｜採用・異動・離職
・**募集ポスト当りの書類選考通過者**
・採用社員の質
◇採用にかかる平均日数
◇重要ポストが埋まるまでの日数
・将来必要となる人材の能力
◇内部登用率
◇重要ポストの内部登用率
・重要ポストの割合
・**全空席中の重要ポストの空席率**
・内部異動数
・幹部候補の準備度
・離職率
◆自発的離職率
・痛手となる自発的離職率
・離職の理由

9｜スキル・能力
◆人材開発・研修の総費用
・研修への参加率
・従業員当りの研修受講時間
・カテゴリー別の研修受講率
・従業員のコンピテンシーレート

10｜後継者計画
・内部継承率
・後継者候補準備率
・後継者の継承準備度（即時）
・後継者の継承準備度（1〜3/4〜5年）

11｜労働力
◆総従業員数
◆総従業員数（フル/パートタイム）
◆フルタイム当量（FTE）
・臨時の労働力（独立事業主）
・臨時の労働力（派遣労働者）
・欠勤

◆：大企業・中小企業ともに対外開示を推奨される指標
◇：大企業が対外開示を推奨される指標

図表4-6 内部登用率算出の考え方

ISO30414の指標はジョブ型雇用を前提としているため、
いくつかの項目では算出に工夫が必要となります。

(例)8-6 内部登用率

部署A 部署B

異動

内部登用？
or
定期異動？

$$内部登用率 = \frac{空席ポストに対する内部登用者数}{空席ポストに対する（内部登用者数＋中途採用者数）}$$

※定期異動は本指標の対象に含まない

「内部登用」と「定期異動」を区別するのが不可能

$$内部登用率 = 1 - \frac{中途採用者数}{「離職数」「休職数」「新設ポスト数」の総和}$$

※空席ポスト数を「離職数」「休職数」「新設ポスト数」の総和と定義し、空席
のままのポストは存在しないと置いた

Q 副次的な波及効果として、会社への理解が深まった、社員の絆
が強まったという点とは？

（林氏）当社では採用業務には、「採りたい人材を口説く」「理念へ
の共感度合いを重視する」といった姿勢で臨み、採用の段階でエン
ゲージメント調査を行い、その結果を大切にしている。こうした採
用の哲学が、会社のどのような全体図の中でどのように位置付けら
れているのか、ということを定性・定量の両面から改めて理解する
ことができたと感じている。

Q 人的資本の開示への取組みにおいて会社としての意思決定自体
はスムースにいった？

（大島氏）当社の場合は、ISO 30414 に対応していく、という感覚
ではなく、うまく活用しようという感覚が強かった。共通のものさ
しで整理をしてみることによって、強みのアピールのみならず、改

118

善課題発見の手掛かりになるのでは、と考えた。「見える化」「可視化」をすれば経営がよくなる、というのは当社にとって創業以来取り組んできたテーマでもある。したがって、社内での意思決定は比較的スムースだったと思う。

Q 申請作業の所要期間や労力といった点は、実際にやってみてどうだったか？

（林氏）作業は2021年7月頃に、2022年3月の株主総会までには認証を取得したいという目標を持ってスタートした。基本的には人事部がプロジェクトの中心になり、フィット＆ギャップへの対応を検討し、認証機関とのやり取りを行った。

　ただ、人事部が持っている情報を経理部にも確認しないといけないとか、研修や勤怠の情報については人事部がハブになって社内各部門やグループ会社の事業部人事に協力を仰ぐなど、結果的にはかなりの人数が関わることとなった。正直、途中で嫌になりそうになるポイントはいろいろあると思う。

Q 時系列データ・横断的比較データを含め、データを取れるかどうかがボトルネックになってくるのでは？

（林氏）現時点でデータが取れるか否かだけではなく、継続的にデータが収集できる体制になっているかということも問われてくると思う。とはいえ、当社のクライアントからは、こうしたことをきっかけに自社の経営や人的資本投資のレベル感を一度モニタリングしてみたい、という意欲的な声も聞かれている。ISO基準で1つ1つ点検していくことにより、自社の不足を改めて認識できる、といった面もあるかと思う。

（大島氏）さらに言えば、ISO 30414の取得によってこういう姿を目指したい、という共通目的のもとで、セクショナリズムを乗り越えて、本社部門と現場とが協力して進めていけるのか、ということが試されているという印象も持つ。つまり、認証取得に至るプロセスの中に、ISO 30414にふさわしい実力があるか否か、という問いが組み込まれているという見方もできるのではないかと思う。

Q ISO 30414導入のメリットとして、他には？

（林氏）指標の画一化・定量化により、変革につながる今後の打ち手を検討する際に、これまでは定性的な判断に終始してしまうことが多かったところ、定量的な共通の判断基準を持てるようになったことはよかったと思う。事業戦略やIT投資、R&D投資等をさまざまに検討する際にも、その打ち手が人的資本ROIにどんなふうに効いてくるのか、ということを意識するようになった。しかも、単年度志向ではなく、数年かけて投資家にとってわかりやすいものへと昇華させていくことができる点が、将来にわたって有意義であると思う。

Q そうした取組みの延長線上には、より改善感度の高い戦略的投資領域を特定することで、投資効率をより上げられる可能性も見えてくるように思う。ISO認証取得および人的資本情報開示の実施についての中長期な展望は？

（林氏）第1段階としては、ISO 30414認証取得により、当社全体の輪郭のスナップショットを撮ることができたと考えている。第2段階としては、スナップショットにとどまることなく、事業戦略と組織戦略、そしてミッションという3要素をより高次元でリンクして進化していける状態を追求したいと考えている。当社が「エン

ゲージメントチェーン」と呼んでいる事業戦略を実現していくために必要な組織作り、そして採用戦略、育成戦略、企業風土の作り方、制度改定といった人事のサブシステムのレベルまで、事業戦略とガチッとかみ合っている状態がより望ましいのではないかと思う。

　さらに第3段階としては、未来のテクノロジーも取り込んで、現状で当社が提供してないようなデータのあり方、データの連結を、国内外に示していくことができれば理想的かと考えている。

Ｑ　これからISO 30414認証取得を目指す日本企業へのアドバイスは？

（林氏）私は人事部の役割というのは、人と事業を接続させていくことなのではないかと思っている。そういう意味ではISO 30414認証取得は人事部が経営に関わっていく絶好機なのではないかと考える。人事主導で情報開示への取組みを始めると、そこまでやる必要があるか、費用対効果はどうかなど、さまざまな懸念の声が上がるとは思うが、それでもやっぱり誰かが想いを持って動かさないと、こうしたことは前に進まない。本当に経営を良くするためにも、人事部門の方々には新境地を開拓していってほしいと思う。そして当社自身も、そのモデルケースになれるよう、手を緩めることなく、積極的に取り組んでいきたいと思っている。

（大島氏）ISO 30414取得はタフな宿題ではあるが、この宿題をクリアした先に何があるのか、なぜ取得したいのか？というところをあらかじめ再確認しておくことが非常に重要だと考えている。結論から言えば、夏休みの宿題もISO取得も、「自由の獲得」のため、将来のオプションを増やすための取組みなのだと思う。

　とくに大企業の場合には、そのタフなタスクの集積を前に進める

ためのエネルギーをどう作り出すのか、というのが大事なポイントになってくる。ISO 30414を取得して、自社事業の成長や投資家からの評価に対してどういう果実を取りたいのか、これを一度点検し、共通の目的を抱くことが必要なのかと思う。

　さらに、たとえばダイバーシティの指標が上昇した、目標をクリアした、ということによって、こんな成果が生じた、という成功事例となり、ストーリーもセットにして見ていく必要もあると考えている。1個のスナップショットに収められた"点"を、どう"線"にして活用していくのか、そこに単なる宿題以上の意味があるということを、事前に経営層で認識できるかどうかが重要なポイントなのかなと思っている。

インタビュイー：
大島 崇（おおしま たかし）氏
株式会社リンクアンドモチベーション執行役員 モチベーションエンジニアリング研究所 所長
大手ITシステムインテグレータを経て、2005年リンクアンドモチベーションへ中途入社。中小ベンチャー企業から従業員数1万名超の大手企業まで幅広いクライアントに対して、プロジェクト責任者としてコンサルティングを行う。現場のコンサルタントを務めながら、商品開発・R&D部門責任者を歴任。

林 幸弘（はやし ゆきひろ）氏
株式会社リンクアンドモチベーション モチベーションエンジニアリング研究所 上席研究員
2004年株式会社リンクアンドモチベーション入社。「採用」「教育」「制度」「風土」というテーマをリンクさせた組織変革コンサルティングに従事。その後、グローバルHRをテーマに人材開発／組織開発領域の事業責任者を経験。早稲田大学トランスナショナルHRM研究所の招聘研究員として、日本で働く外国籍従業員のエンゲージメントやマネジメント等について研究。現在は、リンクアンドモチベーション内のR&Dに従事。

第 **5** 章

開示する情報と
開示上のポイント

1 金融商品取引法に規定された「法定開示項目」

2022年に公表された「日本版」人的資本開示ルールは、「**法定開示項目**（金融商品取引法〈以下金商法〉における有価証券報告書への記載義務）」と、内閣官房非財務情報開示研究会から公表された企業自らが任意で実施する「**人的資本開示指針**」の2つに大別される。

そのうち、本節では、2022年5月の金融審議会で有価証券報告書への記載義務化が了承された5つの項目について、それらの全体像と、各項目の義務化の背景、投資家向け開示の主要ポイントを整理する。

■ 全体像

まず、今回の金商法改正の対象となった法定開示項目の全体像を整理すると、**図表5-1**のようになる。

今回の金商法改正では、日本国内の株式市場に上場するすべての企業3,832社（2022年8月現在）が対象となる。2023年からの施行が予定され、実務家はかなりタイトなスケジュールで本事業年度の情報を収集し、開示の準備を進めることとなった。

また、5つの法定開示項目は、原則として連結ベースでの開示が望ま

図表5-1 5つの法定開示項目

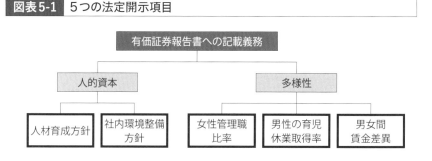

しい、とされていることを付記しておく。

■ **人的資本パート**

　人的資本パートに分類される法定開示項目は、「人材育成方針」と「社内環境整備方針」の2つである。この2つの項目について、義務化されるに至った背景、投資家の関心のありか、および投資家向けの開示で評価されるポイント、および数値に基づく開示項目の事例について詳しく見ていこう。

【人材育成方針】

［義務化の背景］

- 失われた20年
  - 人への投資 "後進国" となってしまったニッポン株式会社
  - 経済大国として屋台骨が揺らぎ、このままでは茹でガエル化
- 人への投資を標榜する岸田内閣の最重要テーマ
  - 当初は任意開示項目として議論されていたが、より強制力が強い法定開示へと "格上げ" され、投資家向けの最重要開示項目の1つとして位置付けられた。

［投資家の関心のありか］

- 従業員をどのようにして "戦略的資産" 化しているか
  - 人的資本をセンターピンに置く経営を人的資本経営というが、"資本" のままだと毀損して減損するリスクがある。そのために投資家は、従業員を "資本" から "資産" へと変換するためのアクションこそが組織全体の競争力強化につながる、として強い関心を寄せている。
- 環境変化に合わせてブラッシュアップしているか
  - VUCAと呼ばれる時代、環境変化の激しさが年々増している。

劇変する環境に適応するために、企業が従業員にどのようなスキル教育を行って“戦力化”し、環境適応させようとしているか、について注視している。

- どれほどの時間軸で人材育成の打ち手を打っているか
  - 人的資本開示の国際標準“ISO 30414”では、従業員への教育投資について、以下の3つの言葉を使用して使い分けている。
    - ⅰ）Development：主としてリーダーシップ開発に適用
    - ⅱ）Training：主として従業員向け戦力化訓練に適用
    - ⅲ）Learning：主に自律的な従業員向けスキル学習に適用
  - 多くの投資家は「組織の盛衰はリーダーでほぼ決まる」、と考えているが、一方では「リーダーは一朝一夕には輩出できない」、とも考えている。そのため投資家は「リーダーシップ開発」プログラムについては、3年から5年後を見据えてどのようなプログラムを実施しているか、をとくに重視している。

［投資家向け開示において評価されるポイント（例）］

- 独自性があり、競争力の確保・強化につながっているか？
  - 単に盲目的にカネと時間を投下しても、必ずしも人的資本が「戦略的資産」に変換されるわけではない。自社の経営戦略に即した人材強化ポイントを明確化したうえで、どのようなスキル／資質を持ち合わせた人材を、どのような方法で育て上げているか、を示すことができれば、より高い評価につながると考える。
- 企業の未来の姿を示す
  - 投資家は、非財務情報のうち最も重視する人的資本の未来の姿を知りたがっている。時間軸を短期／中期／長期に分けて、人材育成の進捗度が確認できる“測定可能な指標（インディケーター）”を設定して開示するとよい。
  - （参考）ISO 30414で定められている主な「測定可能な指標」

リーダーシップ開発プログラムへの投資額、学習に費やした時間数、職業教育訓練プログラム参加率等

【社内環境整備方針】

［義務化の背景］

- 2016 年から始まった働き方改革関連法制の施行、定着化、進化
  - 過重労働の撲滅、年次有給休暇取得の時季指定義務化、同一労働同一賃金が実現され、各種法令が定着化
  - 多様な働き方を実現し、成長と分配の好循環の構築へ
- 労働環境の安全衛生管理の重要性の高まり
  - 2021 年の労働安全衛生法改正により、安全と健康の確保に加え、「快適な職場づくり」へのより一層の配慮が必要に
  - 過労死による労災補償件数、勤務問題を原因とする自殺者数の高止まり、パワハラ等を減らし、精神的健康を確保
- 男女共同参画社会、女性活躍推進に対する企業への強い要請
  - 2011 年の男女共同参画社会基本法施行以降、女性活躍推進法の加速・拡大
- 少子高齢化という社会構造変化に対する企業への強い要請
  - 家族の姿の変化・人生の多様化→働き方へのニーズ多様化
- テレワーク拡大と副業を通じたキャリア形成機会の増加
  - コロナ禍を通じてテレワークが日本でも一気に普及し、いつでもどこでも仕事ができるように
  - 2022 年 7 月の厚生労働省指針により、企業は副業を認める条件を公表へ（認めない場合は、その理由を含めて開示）

［投資家の関心のありか］

- 従業員に起因するリスクと機会に企業がどう向き合っているか
  - 超少子高齢化社会が進む中、育児・介護等を抱えて仕事と家庭の

両立に悩む従業員が増えている。優秀な人材の確保育成の観点からも、このような働き方の多様化ニーズに対して柔軟な雇用環境の整備に取り組んでいるか、が重要視されている。

- 従業員関連のどのような情報が計測され、管理されているか
  - たとえば、女性活躍推進法では、「女性労働者に対する職業生活に関する機会の提供」として、以下のような計測可能な指標の公表を求めている。
    - ・男女別の採用における競争倍率
    - ・男女別の将来の育成を目的とした教育訓練の受講の状況
    - ・管理職に占める女性労働者の割合
    - ・男女別の1つ上位の職階へ昇進した労働者の割合
    - ・男女の人事評価の結果における差異
- 企業と従業員の関係性の健全度を示すエンゲージメントスコアを重視
  - 組織文化可視化の有力指標として中長期の業績向上につなげようとする企業が日本でも増えており、投資家も注目している。

［投資家向け開示において評価されるポイント（例）］

金融庁から公表された開示の好事例集『「経営・人的資本・多様性等」の開示例』に記載された「投資家からの評価ポイント」のうち、社内環境整備に関連する項目は次のとおりである。

- 女性活躍や多様性について、取り組む理由や目標数値の根拠に関する開示は有用
- 従業員の満足度やウェルビーイングに関する開示は有用
- 人権問題やサプライチェーンマネジメントについて、自社の取組みに関する開示は有用

上記について、自社の人的資本関連のマテリアリティを示しながら、具体的な取組みの理由と目標数値の根拠を示す開示が有用とされる。

▶ **事例**

三井住友DSアセットマネジメント
社内環境整備方針

一人ひとりのQOL向上・生産性向上に繋がる様々な制度の導入や、取組みを行っています。

当社は、職場環境に関するKPIと目標を以下の通り設定しています。

- 有給休暇取得率：2022年度75％目標
- 時間外労働時間：2022年度20時間/月目標
- 男性育児休業取得率：2022年度100％目標

事例1. 柔軟な働き方の支援

事例2. 両立支援

事例3. 社内コミュニケーション促進の取り組み…

（同社ホームページより）

■ 多様性パート

　多様性パートに分類される法定開示項目は、「女性管理職比率」「男性の育児休業取得率」「男女間賃金差異」の3つである。この3つの項目についても、"人的資本"パートと同様に、義務化されるに至った背景、投資家の関心のありか、および投資家向けの開示で評価されるポイント等について詳しく見ていこう。

　なお、"多様性"パートの3項目の共通点は、すべて「数値」での開示が義務化されたことである。これにより、投資家が投資先企業を選別するに際して、過去からの時系列比較と競合比較の2つの「比較」を行うことが可能となる。したがって、この「比較可能性」を特徴とする"多様性"パートの3つの開示項目の数値改善は、中長期的な企業価値向上に直結することとなる。2022年7月以降、日本の上場企業経営者は、

従来の経済利益追求のための売上、利益の経営管理を行うのと同等レベルで、多様性に関する開示指標の経営管理を行い、持続的な改善につなげていく必要が生じたといえよう。まさに"多様性"の実現は、経営のトップイシューとして格上げされたのである。

【女性管理職比率】

[義務化の背景]

- 男女共同参画社会の実現に向けて
  - 少子高齢化と人口減少等による労働力不足への懸念から有力かつ即効性ある打ち手が必要な状況
- 女性活躍推進法の整備・進展
  - 日本の労働市場では女性の力が十分に発揮できているとは言えない状況
  - "ビジネスパフォーマンス"を基本とし、性別の分け隔てのない公平な基準による管理職登用の人事制度が必須に
- コーポレートガバナンス・コードの改訂（2021年～）
  - 経営層、中核人材の多様性の確保を明記

[投資家の関心のありか]

- 日本的経営と欧米企業とのギャップが最も大きいテーマが「ダイバーシティ（とくに男女間の経済格差）」である、と位置付け
  - ダイバーシティ進展度を象徴する本指標への対応が、経営者の哲学、思想、姿勢、スタンス、価値観、行動が表層に現れると考え、最も重要視
  - 自社の企業経営に必要な人員構成、そのうち女性管理職の比率をどう考えているか、経営者のスタンスを注視
- ダイバーシティに積極的に取り組む企業は、子育て・介護問題への制度的支援、働き方改革にも同じく積極的である、と観る

- その先に、優秀な方々に健康で活き活きと活躍してもらいたい、という哲学、価値観を持っているから、経営者がそのように行動する
- 経営層や中核人材の多様性をどう確保するかについて、67%の投資家が開示を求めている
- 実際には、プライム市場に上場する企業で19%、スタンダード市場では5%の企業しか公表していない
  （一橋大伊藤邦雄名誉教授、三井住友信託銀行の調査）

［投資家向け開示において評価されるポイント（例）］
- 厳しい現実を直視し、未来に向けた組織変革を進める強い意志があるか
  - 昭和時代から数十年続いた"日本式"人事制度の変革を進めることが容易でないことは、多くの投資家も理解している
- "いやいや"ダイバーシティから、"イノベーション促進"としてのダイバーシティに取り組んでいるか
  - 促進する理由や、目標数値の根拠に関する開示は有用

【男性の育児休業取得率】

［義務化の背景］
- 男性の育休取得は、"惨々たる"状況にある
  - 2020年時点での育休取得率　男性12.65%（女性81.6%）
  - 育休期間　男性 5 日未満が36%、8 割が 1 カ月未満
    （女性 9 割近くが 6 カ月以上取得）
- 育児介護休業法の改正・施行が順次進む
  - 2022年 4 月：1 ）雇用環境整備・個別の周知と意向確認
  　　　　　　　 2 ）有期雇用労働者の要件緩和
  - 2022年10月：産後パパ育休（出生時育児休業・分割取得）

－2023年4月：育児休業取得率の公表

［投資家の関心のありか］

- ダイバーシティ推進の有力な打ち手として位置付け
  - 育児休業を取得しやすい雇用環境の整備を進めているか
  - 育児休業・産後パパ育休に関する研修を実施しているか
  - 自社の労働者へ育児休業・産後パパ育休制度と育児休業取得促進に関する方針を周知しているか
  - 短期・長期いずれの場合でも、従業員は希望したとおりの期間の休業を申請・取得できるようになっているか

［投資家向け開示において評価されるポイント（例）］

- 男性育休取得率の向上は企業の競争力を引きあげる
  - 男性の育休取得は、優秀人材の確保等、企業の持続可能な成長のためにも欠かせない
  - 経営層、管理職層が理解を示し、社員への取得を推進できるかどうか、を投資家は注視する
- より高度な人材マネジメント力や、組織の風土改革につながる
  - 突発的な休業や介護休業などさまざまな社員への多様なリスクヘッジを可能にし、組織全体のレジリエンス向上へ

【男女間の賃金差異】

　法定開示項目の最後に紹介する「男女間の賃金差異」は、2022年1月の岸田首相の施政方針演説でも有報開示の方向で言及され、今回の法改正の目玉の1つ、と言えるほど重要な項目である。2022年6月の内閣府発表の「新しい資本主義グランドデザイン及び実行計画」の中では、「男女間の賃金差異は、全労働者について、絶対額ではなく、男性の賃金に対する女性の賃金の割合で開示を求めることとする。加えて、同様の割合を正規・非正規雇用に分けて、開示を求める」と言及されている。

［義務化の背景］

- 先行する欧米とのギャップの大きさ
  - 2021 年 EU 指令「報酬の透明性」の開示の発令により、男女間賃金差異を従業員 250 名以上の企業に開示義務付け
- 正規・非正規雇用を問わず、日本の男女間賃金差異は、他の先進国と比較して大きい（2020 年時点で欧州 14% に対して、日本 26.7%）
  - しかも、日本の女性のパートタイム労働者比率は高い
- 女性活躍推進法の整備、進展
  - 2022 年 4 月より女性活躍推進にかかる情報公表が義務化

［投資家の関心のありか］

- 男女間賃金差異は、ダイバーシティ推進の度合いを測る重要なモノサシとなる
  - 多くの ESG 投資家は、日本企業の多くがダイバーシティ推進、とくに女性活躍の進展が遅々としていることにストレスを感じている。今回の法改正により男女の賃金差異が明らかになると、表面的にダイバーシティを推進している、と公表していた会社が、実際には男女間の賃金格差が大きかった、ということが明白になる
  （参考）ダイバーシティ実現に対する経営の本気度を推し量ることが可能となる「多様性」開示項目

［投資家向け開示において評価されるポイント（例）］

- 厳しい現実を直視し、男女間の賃金差異の改革への意志を示す
  - 女性の賃金を引き上げ、男女間の差異を埋め、構造改革を促すためには、多くの日本企業で昭和の大量生産の成功体験モデル（新卒一括採用、終身雇用、年功序列）を捨て去ることが必要不可欠である
- ターゲット≒目標値を示す
  - いつまでに、どれくらいの差異に縮小するか、目標値を具体的に

示すことは、女性活躍推進に対する経営者、組織としての本気度
　　が如実に現れることとなる
・未来の情報を過去、現在とのつながりのなかで、ストーリー性を
　持って成果とつなげて説明する
　－女性活躍推進の象徴として男女間の賃金差異の縮小が実現した未
　　来に企業業績、パフォーマンス面がどう変わるか、について、過
　　去の実績を踏まえながらストーリー性のある数値の組み合わせに
　　よる説明が有用である
・経営の中期戦略と連動した人的資本の中計を策定しているか、にも
　注目が集まっている

　日本版人的資本開示ルールのうち、5つの法定開示項目の徹底解説を
締め括るにあたり、経営者と開示実務に関わる実務家にとって重要な留
意点を付記しておきたい。それは、5つの法定開示項目を規定した「金
融商品取引法（以下「金商法」）」には、刑法上の詐欺罪と同等水準の強
力な罰則規定がある、ということである。
　その罰則には、刑事罰*、行政処分**、課徴金制度***の3つがある。
*刑事罰：実行行為者個人に対して、最高で懲役10年若しくは罰金1,000万円又は
併科。法人に対して、最高で7億円の罰金。
**行政処分（金商法取引業者向け）：業務改善命令、登録の取消し、業務停止、過料。
***課徴金制度：主としインサイダー取引を行った者に課徴金が課される。

　金商法上の人的資本開示項目においても、故意または過失により事実
と異なる誤情報を記載したり、集計した数字について抜け漏れがある状
態で記載すれば、当然ながら上述した罰則の対象となる。

2 ｜ 「人的資本可視化指針」の概要

■ 機関投資家の関心状況

　岸田内閣が提唱する「新しい資本主義」の一環として、令和4年6月7日に閣議決定された「新しい資本主義のグランドデザイン及び実行計画」には、「人的資本等の非財務情報の株式市場への開示強化と指針整備」がある。そこでは「……新しい資本主義が目指す成長と分配の好循環を生み出すためには、人的資本をはじめとする非財務情報を見える化し、株主との意思疎通を強化していくことが必要である」と定められている。

　開示強化は投資家からも求められている。投資家に対するアンケート

図表5-2　投資家が着目する情報

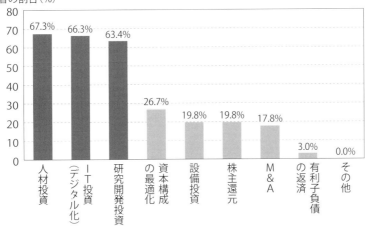

回答者の割合（%）

注：「日本企業の中長期的な投資・財務戦略において、重視すべきだと考えるものをお答え下さい。（3つまで選択可）」という設問の回答を集計。回答数は101。
出所：一般社団法人生命保険協会（2021年4月）「生命保険会社の資産運用を通じた『株式市場の活性化』と『持続可能な社会の実現』に向けた取組について」をもとに筆者作成

調査によると、中長期的な投資・財務戦略において着目する情報として、人材投資の割合は非常に高くなっている（**図表5-2**）。

　また、機関投資家が重視する人材関連情報についても、「労働関係法令違反の有無」に続いて、「人材育成、教育訓練の取り組み」「労働時間の柔軟性等の働きやすい職場作りの取り組み」といった項目が続いている（**図表5-3**）。

　IIRC、SASB、GRI、WEF、ISO等国際的な基準策定団体も、人的資本の開示を含む非財務情報開示のフレームワークや基準を策定している（**図表5-4**）。

　さらに、金融審議会ディスクロージャーワーキング・グループ報告（2022年6月）において、有価証券報告書にサステナビリティ情報の「記

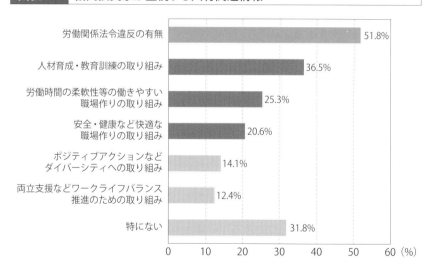

図表5-3　機関投資家が重視する人材関連情報

注：機関投資家を対象とした「貴社が投資を行う際、企業の『人材育成・教育訓練、人材活用等』に関する情報のうちどのような項目を考慮しますか。あてはまるものを選んでください」（複数回答可）という設問の回答を集計。回答数は170。
出所：独立行政法人労働政策研究・研修機構（2018年12月）「企業の人的資産情報の『見える化』に関する研究」をもとに筆者作成

図表5-4　国際的な非財務情報開示の枠組み

	組織名称	概要
任意	IIRC	**IIRCフレームワーク** ・人的資本を6つの資本（財務資本、製造資本、知的資本、人的資本、社会・関係資本、自然資本）のうちの1つと位置付け、企業の価値創造の源泉およびそのアウトカムの1つであることをフレームワークとして図示。具体的な開示項目の指定はない
	SASB	**SASBスタンダード**（※2019年から人的資本に関するプロジェクトを実施） ・77の業種毎に具体的な開示項目・指標を設定 ・業種ごとに「労働慣行」「従業員の安全衛生」「従業員参画・ダイバーシティと包摂性」の3観点から、各業種の重要事項について具体的な質問・評価基準を提示
	GRI	**GRIスタンダード** ・人的資源に関しては、雇用、労使関係など、15の領域に関する開示事項を提示 ・すべての項目・指標の開示を求めるものではなく、各報告組織が重要と判断したものについて開示を求める
	WEF	**ステークホルダー資本主義測定指標** ・人的資本に関しては企業の公平性と従業員の待遇を反映するため多様性、賃金格差、安全衛生などの指標開示が推奨される ・その他、自社の事業やステークホルダーにとって重要であると判断されるものについては柔軟に開示することを推奨
	ISO	**ISO 30414** ・コンプライアンス・ダイバーシティ・スキルと能力等、人材に関して11項目の開示すべき項目を設定
制度	欧州委員会（EC）	**非財務情報開示指令**（※2021年4月に改正案を提示） ・人的資本に関しては「社会・従業員」の項目で性差別廃止と機会均等、労働安全衛生等についての開示が推奨される ・開示にあたっては法的拘束力のないガイドラインがあるほか、SASBやGRI等の既存の基準を活用することも可能
	米国証券取引委員会（SEC）	**Regulation S-K** ・従業員の数の開示は必須。事業を理解するうえで、人的資本に関してさらに具体的な情報が重要である場合は、フルタイム・パートタイム・季節・臨時労働者の数、そして離職率の情報等も開示が必要

出所：各団体ホームページ等をもとに筆者作成

載欄」を新設すること、とく人的資本については「人材育成方針」や「社内環境整備方針」を、多様性については「男女間賃金格差」などを開示項目に追加をするという方針が示された（**図表5-5**）。

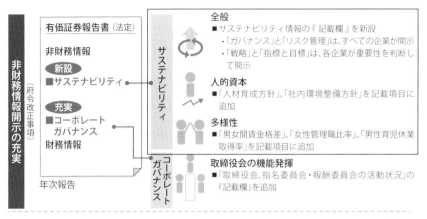

出所：金融審議会ディスクロージャーワーキング・グループ報告概要（2022年6月13日）をもとに筆者作成

　こうした背景を踏まえて、開示に際して企業の参考となるように整理されたものが、2022年8月公表の「人的資本可視化指針」である。取りまとめに際しては、グローバルなフレームワークの活用や有価証券報告書対応にも役立つことを意図している。また、投資家サイドから見てどういう開示が求められているのかという点を意識して作成されている。なお、この指針の対象はこれから取り組む企業の経営者や担当者に置かれている。

　人的資本の可視化にあたってはその前提として、投資対象企業の経営者自らの明確な認識やビジョンが存在することが必要となる。ビジネスモデルや経営戦略を明確化し、経営戦略に合致する人材像を特定し、そうした人材を獲得・育成する方策について明確に語るというのが、基本的な考え方である。

　また、人的資本の可視化は**図表5-6**にあるように、まずはできるところから情報開示を行い、ステップ・バイ・ステップでレベルを上げていく、といった取組みが望ましい。

図表5-6　ステップ・バイ・ステップでの開示（イメージ）

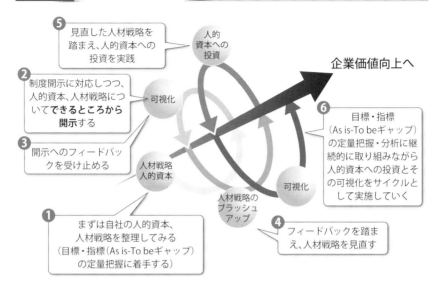

出所：環境省「TCFDを活用した経営戦略立案のススメ～気候関連リスク・機会を織り込むシナリオ分析実践
　　　ガイド ver3.0～」2-49を参考に筆者作成

　人的資本の可視化において企業・経営者に期待されることは、「経営
層・中核人材に関する方針、人材育成方針、人的資本に関する社内環境
整備方針などについて」、「自社が直面する重要なリスクと機会、長期的
な業績や競争力と関連付けながら」、「目指すべき姿（目標）やモニタリ
ングすべき指標を検討し」、「取締役・経営層レベルで密な議論を行った
うえで、自ら明瞭かつロジカルに説明すること」である。

　より具体的には、「経営の各要素と業績や競争力のつながりを明確化
するフレームワーク（価値協創ガイダンス、IIRCフレームワーク等）
を活用し、自社の経営戦略と人的資本への投資や人材戦略の関係性（統
合的なストーリー）を構築する」ことが推奨される。

　フレームワークの一例として、経済産業省が取りまとめた価値協創ガ
イダンスは**図表5-7**のとおりである。

価値観	長期戦略			実行戦略（中期経営戦略など）	成果と重要な成果指標（KPI）	ガバナンス
	長期ビジョン	ビジネスモデル	リスクと機会			

社会の長期的なサステナビリティを展望し、サステナビリティと同期化

1.1. 価値観を定める意義	2-1.1. 社会への長期的な価値提供の目指す姿	2-2.1. 市場勢力図における位置づけ	2-3.1. 気候変動等のESGに関するリスクと機会の認識	3.1. ESGやグローバルな社会課題（SDGs等）の戦略への組込	4.1. 財務パフォーマンス	5.1. 取締役会と経営陣の役割・機能分担
1.2. 社会への長期的な価値提供に向けた重要課題・マテリアリティの特定	2-1.1.1. 付加価値連鎖（バリューチェーン）における位置づけ			3.2. 経営資源・資本配分（キャピタル・アロケーション）戦略	4.1.1. 財政状態及び経営成績の分析（MD&A等）	5.2. 経営課題解決にふさわしい取締役会の持続性
		2-2.1.2. 差別化要素及びその持続性	2-3.2. 主要なステークホルダーとの関係性の維持	3.3. 事業売却・撤退戦略を含む事業ポートフォリオマネジメント戦略	4.1.2. 経済的価値・株主価値の創出状況	5.3. 社長、経営陣のスキル及び多様性
				3.4. バリューチェーンにおける影響力強化、事業ポジションの改善、DX推進		5.4. 社外役員のスキル及び多様性
		2-2.2. 競争優位を確保するために不可欠な要素		3.5. イノベーション創出のための組織的なプロセスと支援体制の確立・推進	4.2. 企業価値と独自KPIの接続による価値創造	5.5. 戦略的意思決定の監督・評価
		2-2.2.1. 競争優位の源泉となる経営資源・知的財産を含む無形資産	2-3.3. 事業環境の変化への対応	3.6. 人的資本への投資・人材戦略	4.3. 戦略の進捗を示す独自KPIの設定（社会に提供する価値に関するKPIを含む）	5.6. 利益分配及び再投資の方針
			2-3.3.1. 技術変化の早さとその影響	3.7. 知的財産を含む無形資産等の確保・強化に向けた投資戦略		5.7. 役員報酬制度の設計と結果
		2-2.2.2. 競争優位を支えるステークホルダーとの関係	2-3.3.2. カントリーリスク	3.7.1. 技術（知的資本）への投資		5.8. 取締役会の実効性評価のプロセスと経営課題
				3.7.1.1. 研究開発投資	4.4. 資本コストに対する認識	
				3.7.1.2. IT・ソフトウェア投資/DX推進のための投資		
		2-2.2.3. 収益構造・牽引要素（ドライバー）	2-3.3.3. クロスボーダーリスク	3.7.2. ブランド・顧客基盤構築	4.5. 企業価値創造の達成度評価	
				3.7.3. 企業内外の組織づくり		
				3.7.4. 成長加速の時間を短縮する方策		

実質的な対話・エンゲージメント

取締役会と経営陣の役割分担とコミットメントの下、投資家との対話・エンゲージメントを深め、価値創造ストーリーを磨き上げる

6.1. 対話等の原則	6.2. 対話等の内容	6.3. 対話等の手法	6.4. 対話等の後のアクション

注：価値協創ガイダンスは上記全体像を案として検討中であり、改訂版が確定次第、確定したものを収載予定。

　次のステップは、統合的なストーリーの開示内容への落とし込みである。ここでは投資家にとってなじみのある非財務情報の開示構造となっているTCFD[1]を活用して、「ガバナンス」「戦略」「リスク管理」「指標と目標」という4要素で開示していくということが効果的・効率的である。この4要素構造は、前述の有価証券報告書や価値協創ガイダンスでも採用されている。

　開示項目の具体的内容は「①独自性のある取組み・指標・目標」と、「②比較可能性の観点から開示が期待される事項」の違いを意識して検討することが必要である。

　独自性のある取組みについては、「リーダーシップ育成」のように、各社独自の経営戦略の文脈で、自社がなぜそれを重要だと考えるのか、進捗達成度合いはどうなのか、などを独自の方法で開示することが求められる。これに対して、比較可能性の観点から開示が期待される事項については、ダイバーシティ関連の指標やリスクマネジメントの観点から開示が求められるような項目（コンプライアンス等）など投資家等からの企業間比較ニーズを踏まえた開示を進めていくことが期待される。

　人的資本投資の開示を通じて企業と投資家が対話を行い、対話を通じて企業が戦略をブラッシュアップしていくというような取組みが、「新しい資本主義の推進」に向けて強く求められていることなのである。

■ 開示における原則主義の採用と19の開示事項
　「人的資本可視化指針」では、人的資本開示のイメージとして19の開示事項が示されている。

[1] 気候関連財務情報開示タスクフォース（Task Force on Climate-related Financial Disclosures）

人的資本を含む非財務情報の開示ルールについては、重要な原則・規範を示しつつ具体的な開示内容は各社の裁量に委ねる「**原則主義**」と、具体的かつ詳細な開示項目を予め設定する「**細則主義**」が存在する。「人的資本可視化指針」では、「投資家の関心が開示事項と長期的な業績や競争力との関連性にあることを踏まえ、まずは原則主義のフレームワークを参照し、自社の経営戦略と人的資本への投資や人材戦略の関係性を描くことを推奨する。そのうえで、統合的なストーリーに沿って具体的な事項（定性的事項、目標、指標）を開示することが望ましい」としており、原則主義による人的資本開示指針とすることが想定される。

　「人的資本可視化指針」が示す19の開示事項のメトリック（評価基準）をISO 30414を参考に**図表5-8**に示す。ISO 30414では内部向けに報告すべきメトリックと外部向けに報告すべきメトリックを分けており、図表5-8の「×」は内部向けおよび外部向けに該当するものを示す。開示事項は、「価値向上」の観点と「リスク」マネジメントの観点の両方が勘案されており、価値向上の観点の高い順に1から19まで並べられている。つまり、育成（リーダーシップ、育成、スキル／経験）が最も企業の価値向上に寄与し、2番目にエンゲージメント、3番目に流動性（採用、維持、サクセッション）と続く。

　つまり、リーダーシップがしっかり機能して、人材が育つ企業文化や仕組みを持っており、うまくタレントマネジメントが行われて人材が実際に育っている、ということが企業の価値向上に大きく寄与するということである。

■ 人的資本開示の形態

　1990年代半ば頃から、社会や環境に対して責任ある企業行動を推進するために、企業の内外で行動規範や規格を制定する動きが加速化し、さまざまな団体で規格開発が進められた。しかし、行動規範や基準が多

図表5-8　「人的資本可視化指針」が示す19の開示事項のメトリック

人的資本領域	開示事項			人的資本メトリック	内部向け 48	外部向け 18
育成	1	リーダーシップ	1	リーダーシップに対する信用	×	×
			2	リーダーシップチームのダイバーシティ	×	×
			3	管理する従業員数	×	
			4	リーダーシップ研修に参加した従業員の比率	×	
	2	育成	5	人材開発・育成の総費用	×	×
			6	学習・開発 a) 全従業員数に対し年間で育成プログラムに参加した従業員の比率	×	
				b) 従業員1人当たりの平均育成プログラム参加時間	×	
				c) 全従業員数に対し、年間でカテゴリー別での育成プログラムに参加した従業員の比率	×	
	3	スキル／経験	7	労働力のコンピテンシーレート	×	
エンゲージメント	4	エンゲージメント	8	エンゲージメント/満足度/コミットメント	×	
流動性	5	採用	9	空きポジションに適した候補者の数	×	
			10	入社前の期待に対する入社後のパフォーマンス	×	
			11	平均期間 a) 空きポジションを埋めるためにかかった期間	×	×
				b) クリティカルなビジネスポジションを埋めるためにかかった期間	×	×
			12	移行と将来の労働力のケイパビリティアセスメント（タレントプール）	×	
			13	雇用に関する総費用	×	
			14	1人当たり採用費	×	
			15	社内外からの採用・異動費	×	
	6	維持	16	社内人材で埋められるポジションの比率	×	×
			17	社内人材で埋められるクリティカルなビジネスポジションの比率	×	×
			18	クリティカルなビジネスポジションの比率	×	
			19	クリティカルな全ビジネスポジションに対する空きポジションの比率	×	
			20	社内異動比率	×	
			21	従業員層の厚さ	×	
			22	リテンション比率	×	
			23	離職率	×	×
			24	自主退職率（定年退職除く）	×	
			25	クリティカルな自主退職比率	×	
			26	退職理由	×	
			27	離職費	×	
	7	サクセッション	28	後継の効率	×	
			29	後継者のカバー率	×	
			30	後継の準備率 a) 後継の深度：準備できている	×	
				b) 後継の深度：1〜3年以内	×	
				c) 後継の深度：4〜5年以内	×	

ダイバーシティ	8	ダイバーシティ	31	労働力のダイバーシティ		
				a) 年齢	×	×
				b) ジェンダー	×	×
				c) 障がい者	×	×
				d) その他	×	×
	9	非差別		（該当なし）		
	10	育児休暇		（該当なし）		
健康・安全	11	精神的健康		（該当なし）		
	12	身体的健康		（該当なし）		
	13	安全	32	けが等のアクシデントによって失った時間の比率	×	×
			33	業務上アクシデント数	×	×
			34	業務上死亡者数	×	×
			35	研修に参加した従業員の比率	×	
労働慣行	14	労働慣行		（該当なし）		
	15	児童労働／強制労働		（該当なし）		
	16	賃金の公平性		（該当なし）		
	17	福利厚生		（該当なし）		
	18	組合との関係		（該当なし）		
コンプライアンス／倫理	19	コンプライアンス／倫理	36	違法行為の数とタイプ	×	×
			37	結審の数とタイプ	×	×
			38	コンプライアンスと倫理に関する研修を受講した従業員の比率	×	×
			39	外部との争い	×	
			40	外部との争いから来る外部監査による発見とアクションの数とタイプとソース	×	

出所：内閣官房 非財務情報可視化研究会「人的資本可視化指針」11ページ抜粋およびISO 30414より筆者翻訳・作成

数存在することで、異なる要求内容、規格間の差異などが、途上国に集中しているサプライヤーに過度に負荷を課していることが問題になり、国際的な統一基準を求める声が高まった。

　こうした社会の期待と要請を受けて、ISOが2004年に社会的責任の国際規格の開発を開始することになり、2010年11月にISO 26000（Guidance on social responsibility：社会的責任に関する手引）が出版された。ISO 26000はJIS（Japanese Industrial Standards：日本産業規格）化され、2012年3月21日に、JIS Z 26000（社会的責任に関する手引）として制定された。

　企業はISO 26000やJIS Z 26000をもとに、「CSR（Corporate Social

Responsibility）報告書」を開示するようになり、現在はCSR報告書が進化して「サステナビリティ報告書」として開示されるようになってきた。CSR報告書とサステナビリティ報告書との違いは以下となる。

　CSR報告書：自社が果たしている社会的責任について報告するもので、自社がビジネスを通じて社会や環境に与える責任という"企業視点"でまとめられている。

　サステナビリティ報告書：持続可能な社会の実現に向けて、企業がどのような取組みをしているかについて"社会視点"でまとめられている。

　その後、IIRC（International Integrated Reporting Council：国際統合報告評議会）が2013年に「統合報告書」の作成にかかわる指導原則や内容要素をまとめて「国際統合報告フレームワーク（The Integrated〈IR〉Framework)」を公表した。統合報告書とは企業の独自の強みである知的資産と財務データの両方の観点から、自社の強みや経営ビジョン、今後の事業展開とその見通しについてまとめた報告書で、次の2種類の情報で構成される。

　①**財務データ**　売上高や利益など、損益計算書に記載されるデータと、現預金や純資産など、貸借対照表に記載されるデータなどになり、これらは、ある一時点（または一定期間）における企業の経営状況を表す過去の情報である。

　②**非財務データ**　たとえば、経営者の能力の高さや経営理念、経営ビジョン、従業員のモチベーションの高さや、スキル、ノウハウ、商品開発力や商品力、技術力、優良な仕入先や得意先などになり、これらは、決算書には表れないが、企業の"見えざる資産"として、次の売上高や利益を創出する源となる資産である。

　サステナビリティ報告書と統合報告書との違いは以下となる。

サステナビリティ報告書：非財務情報の網羅的開示に特化。自社が取り組むESG情報を詳細にわたって掲載しており、データ集的な側面もある。主な想定読者は"ESG評価機関"。

　統合報告書：財務情報と非財務情報を統合して掲載。企業そのものの持続可能性についても触れられている。主な想定読者は"機関投資家"。

　IIRCは、2021年にSASB（Sustainability Accounting Standards Board：サステナビリティ会計基準委員会）と統合してVRF（Value Reporting Foundation：価値報告財団）を創設し、VRFは2022年6月30日にIFRS財団（International Finance Reporting Standards Foundation：国際会計基準財団）に統合され、IFRS財団の設置されたISSB（International Sustainability Standards Board：国際サステナビリティ基準審議会）が、さまざまな団体の垣根を超えてサステナビリティ基準を開発することになった。

　こうした背景から、現在、人的資本を開示する報告書として、主に「サステナビリティ報告書」と「統合報告書」があり、現在、多くの企業がこれらの報告書の中で人的資本開示を行っている。ただ、「サステナビリティ報告書」や「統合報告書」では、人権を守る、差別をしない、などのネガティブな行動をしていないことをアピールする、つまり「マイナスをゼロにする」報告が多く、企業の持続的成長力を見るには不十分であるため、人的資本だけを切り出した「人的資本報告書」を開示する企業が世界的に急増している。人的資本報告書は、ISO 30414の外部報告のメトリックをベースに、自社の人材戦略に合わせたナラティブとしてまとめられる。

　人的資本開示の形態は、「サステナビリティ報告書」でも「統合報告書」に盛り込んだ形でも、「人的資本報告書」として独立させた形でも

問題はないが、マイナスをゼロにするメトリックに加え、ISO 30414や「人的資本可視化指針」で示されている

- リーダーシップ
- 後継者計画
- 育成
- スキル/経験
- 従業員エンゲージメント
- 採用・異動・離職

などの企業の持続的成長力を示唆できるメトリックを盛り込むことが重要である。

■ 人的資本開示で具体化すべき要素

（1）人的資本への投資と競争力とのつながり

［価値協創ガイダンスの活用］

先述した経済産業省が取りまとめた価値協創ガイダンスの図（**図表5-7、再掲**）は、ESGその他の要素が細かく整理されている。

主だったテーマを並べると、「価値観」「長期志向」「実行戦略」「成果/指標」「ガバナンス」の5つに分類されている。そのうち、人的資本の文脈で重要なのは、企業の「実行戦略」であろう。企業は人の集合体であり、その総和が組織の力となる。実行戦略とは、従業員の理念/パーパスへの想い、個々人の意欲、そして資質・能力を引き出して組織化するための戦略である。

価値協創ガイダンスは「企業価値を創出する要素を関連付ける（Value relevant）」ためのフレームワークとされる。本節のテーマである人的資本と企業価値創出との関連性の表現について、日系グローバル製造業大手企業を仮想例として取り上げてみよう。

当該企業は高度技術人材による研究開発力を競争優位性の源泉と位置

価値観	長期戦略		リスクと機会	実行戦略（中期経営戦略など）	成果と重要な成果指標（KPI）	ガバナンス
	長期ビジョン	ビジネスモデル				

社会の長期的なサステナビリティを展望し、サステナビリティと同期化

1.1. 価値観を定める意義	2-1.1. 社会への長期的な価値提供の目指す姿	2-2.1. 市場勢力図における位置づけ	2-3.1. 気候変動等のESGに関するリスクと機会の認識	3.1. ESGやグローバルな社会課題（SDGs等）の戦略への組込	4.1. 財務パフォーマンス	5.1. 取締役会と経営陣の役割・機能分担
1.2. 社会への長期的な価値提供に向けた重要課題・マテリアリティの特定		2-2.1.1. 付加価値連鎖（バリューチェーン）における位置づけ		3.2. 経営資源・資本配分（キャピタル・アロケーション）戦略	4.1.1. 財政状態及び経営成績の分析（MD&A等）	5.2. 経営課題解決にふさわしい取締役会の持続性
		2-2.1.2. 差別化要素及びその持続性	3.3. 事業売却・撤退戦略を含む事業ポートフォリオマネジメント戦略	4.1.2. 経済的価値・株主価値の創出状況	5.3. 社長、経営陣のスキル及び多様性
			2-3.2. 主要なステークホルダーとの関係性の維持	3.4. バリューチェーンにおける影響力強化、事業ポジションの改善、DX推進	4.2. 企業価値創造と独自KPIの接続による価値創造設計	5.4. 社外役員のスキル及び多様性
	2-2.2. 競争優位を確保するために不可欠な要素		3.5. イノベーション創出のための組織的なプロセスと支援体制の確立・推進		5.5. 戦略的意思決定の監督・評価
	2-2.2.1. 競争優位の源泉となる経営資源・知的財産を含む無形資産	2-3.3. 事業環境の変化への対応	3.6. 人的資本への投資・人材戦略	4.3. 戦略の進捗を示す独自KPIの設定（社会に提供する価値に関するKPIを含む）	5.6. 利益分配及び再投資の方針
		2-3.3.1. 技術変化の早さとその影響	3.7. 知的財産を含む無形資産等の確保・強化に向けた投資戦略		5.7. 役員報酬制度の設計と結果
	2-2.2.2. 競争優位を支えるステークホルダーとの関係	2-3.3.2. カントリーリスク	3.7.1. 技術（知的資本）への投資	4.4. 資本コストに対する認識	
			3.7.1.1. 研究開発投資		
			3.7.1.2. IT・ソフトウェア投資/DX推進のための投資		5.8. 取締役会の実効性評価のプロセスと経営課題
	2-2.2.3. 収益構造・牽引要素（ドライバー）	2-3.3.3. クロスボーダーリスク	3.7.2. ブランド・顧客基盤構築	4.5. 企業価値創造の達成度評価	
			3.7.3. 企業内外の組織づくり		
			3.7.4. 成長加速の時間を短縮する方策		

実質的な対話・エンゲージメント

取締役会と経営陣の役割分担とコミットメントの下、投資家との対話・エンゲージメントを深め、価値創造ストーリーを磨き上げる

6.1. 対話等の原則	6.2. 対話等の内容	6.3. 対話等の手法	6.4. 対話等の後のアクション

注：価値協創ガイダンスは上記全体像を案として検討中であり、改訂版が確定次第、確定したものを収載予定。

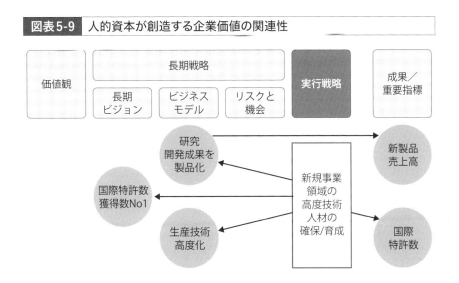

図表5-9　人的資本が創造する企業価値の関連性

付け、新市場にいち早く参入して素早くトップシェアを獲得することを繰り返し、売上のほか、無形資産高（＝国際特許数）を伸ばしている。そして、人的資本が創造する「企業価値の関連性」を可視化すると、**図表5-9**のように表現できる。当該企業においては、人的資本領域の実行戦略のうち、「高度技術人材の採用力と育成力」こそが、中長期的な企業価値創出のために最も重要、と位置付けている。

三井化学
「価値協創」の人事戦略

　三井化学は2020年に経営計画「Vision2030」を標榜し、10年ターム の長期志向の経営を推進している。一方で、変化の激しい外的環境の変化に対して1年単位で見直しをかけつつ、しなやかに変化対応してきている。

　同社が主戦場としている化学産業の特性上、顧客層と事業展開は実に多岐にわたっており、2022年度スタート時点で60－70もの事業から構成され、かつビジネスモデルも多種多様となっている。また、経営戦略においてはグローバル化の加速と成長戦略の有力オプションとしてM＆A推進を掲げている。

　以上の経営戦略上の要請から導かれる人材戦略の"優先課題"として、以下の3つをセットし、実行のための方策に取り組んでいる。
　1．人材、分けても経営幹部人材の獲得・育成・リテンション
　　　・キャリア機会開示、育成機会提供、競争力ある報酬水準
　2．従業員エンゲージメント
　　　・ミッション・ビジョン・バリュー共有、キャリア自律化支援、組織・社員の対話強化
　3．グループ・グローバル経営強化
　　　・最適な人員計画、M＆A対応強化、投資家他との対話強化
　以上の内容を、価値協創ガイダンスの主要5要素ごとに整理すると、以下のようになる。

［**価値観**］
・今一度、当社の存在意義である「社会課題の解決」に立ち返り、方向性を再定義（2020年）

・加速する環境変化の中で生まれるさまざまな社会課題に対し、多様な価値を創造できる化学の力でその解決策を持続的に提供する

[**長期志向**] ～Vision2030

・未来が変わる。化学が変える～Chemistry for Sustainable World
・変化をリードし、サステナブルな未来に貢献するグローバル・ソリューション・パートナーへ

[**実行戦略**]（上述）

[**成果/指標**]

・後継者準備率
・ダイバーシティ
・エンゲージメント

[**ガバナンス**]

・グローバルグループ経営陣の報酬・パフォーマンスレビュー実施
・リスクマネジメントポリシーの整備

[三井化学 グローバル人材部 部長 小野真吾氏　コメント]

　最初から価値協創ガイダンスを意識して人材戦略の優先課題を落とし込んだわけではない。当社では、元々長期志向の経営計画を軸として、事業戦略、機能戦略の落とし込みを取締役会で実行しているが、人事戦略が全社経営レベルのモニタリング対象として格上げされたのは2019年度が始まりである。その時点で課題を一気に解決するべく動けたわけではなく、1年ごとに戦略上の優先課題をセットして個別課題の解決に動いてきた、という経緯がある。以降、1年ごとに人事戦略のブラッシュアップと実行、落とし込みを繰り返しながら現在に至っている。価値協創ガイダンスを改めて眺めてみると、中長期の時間軸で取り組んできた諸施策が5つの主要要素ごとに思い浮かぶ。結果として、価値協創のために重要な領域の課

題に取り組んできたのだと検証ができ、戦略構築のみならず、検証とブラッシュアップの議論の際に有益なフレームワークであると感じた。

（2）4つの要素に沿った人的資本の開示

内閣官房公表の「人的資本可視化指針」では人的資本の開示要素を整理するうえで、TCFD提言（Task Force on Climate-related Financial Disclosures：気候関連財務情報開示タスクフォースによる開示フレームワークの提言）等において採用されている開示すべき4つの要素「ガバナンス」「戦略」「リスク管理」「指標と目標」を活用すれば効率的である、と記載されている。

では、なぜ、この4つの要素を活用すると効率的なのだろうか。

その理由は至ってシンプルで、ESG要素を重視する投資家（ESG投資家）にとって馴染みのあるフレームワークだからである。

気候関連財務情報開示のルール整備のための特別タスクフォースであるTCFDは、今回の日本版人的資本開示ルール整備に先立って、2015年12月より金融安定理事会（FSB）によって設立され、2017年6月には、気候変動関連要素に関する効率的な情報開示のあり方に関する提言を公表。この提言への支持を表明する企業・機関は世界中で増加しており、2020年10月末現在で1500を超える企業や金融機関、公的機関等が支持を表明している。国別で見ると日本企業・機関の支持が最も多く、315程度の企業等が支持を表明し、日本取引所（JPX）も2018年10月に支持を表明している。（日本取引所〈JPX〉ホームページより）

そして、TCFDの4つの要素をベースとしたサステナビリティ関連項目の記載欄が、有価証券報告書に新しく設けられることも押さえておき

| 図表5-10 | TCFD 提言における 4 つの要素の具体的開示内容の検討例 |

TCFD 提言 4つの要素	人的資本に関連する要素（例） *リスク or/and 機会を記載	参考）価値協創ガイ ダンス上の要素
ガバナンス	経営幹部の後継者不足リスクに対して、取締役会での後継者育成計画のモニタリングを実施	ガバナンス
戦略	新規事業であるDX事業推進リーダー採用数増→受注増を狙う	長期戦略と実行戦略
リスク管理	基幹製造工場におけるストライキ再発リスクに対して従業員の待遇改善	リスクと機会
指標と目標	新規事業拡大を推進する経営幹部人材の必要人数を2024年3月期末までに〇〇名確保 ・自社人材の内部登用増 ・幹部人材中途採用数増	成果と重要指標

たい。具体的には、気候変動を含む「サステナビリティ」に関する記載欄が新設され、当該項目の情報開示義務化が2023年度からすべての上場企業に適用されることとなった。

　なお、本項の4つの要素については、前述（1）で紹介した「価値協創ガイダンス」で採用されている検討要素と内容がほぼ重複するため、実務上は（1）または（2）のいずれかを用いて関連部門間で討議を行って対象要素を抽出すれば足りる。

（3）個別開示内容の具体化①：独自性の重要性

　2022年から始まることになった人的資本開示強化は、これから日本でも"開示内容の競い合い"が本格的に始まることを意味する。人的資本への投資と成果、そして未来の情報について、競合他社と比べて月並みな情報や差別性の乏しい取組み内容しか開示しない企業は、投資家からの高い評価を獲得することは難しいであろう。この開示競争を勝ち抜くうえで、極めて重要な要素の1つが"独自性"のアピールである。独自性とは、自社を取り巻く市場環境と競争環境において、自社に固有の経営戦略・人材戦略が存在し、その戦略に沿う形で具体的に取り組む人

材関連の諸施策に独自性が備わっているか、ということである。

　筆者が実務的に人的資本の開示支援を行う現場において、この独自性を説明する際のアナロジーとして、フィギュアスケートの採点要素を喩えとして引用することが多い。筆者は毎年冬に行われるフィギュアスケートの国際大会をテレビ観賞することを楽しみにしているが、ご存知のとおりフィギュアスケートは世界共通の採点方法が採用されている。すなわち、同競技の採点においては、大きくは「演技構成点」と「技術点」の2要素について得点を競い合う。このうち、フィギュアスケートの採点要素である「演技構成点」こそが、人的資本開示における「独自性」の要素と重なり合うのである（**図表5-11**）。

　投資家は、投資検討先企業の事業成長における持続可能性の判断に際しては、当該企業に固有の競合優位性が存在しているか、を極めて重視する。模倣が難しい固有のビジネスモデルと経営戦略に紐付いた人材戦略が、どのような形で展開され、3年から5年先にその取組みの成果がどのような形で競合優位性をさらに強めることにつながるか、を見極めようとする。この独自性のアピールに優れた例として、NTTデータが2021年10月に公表した「統合レポート2021」における「人材育成」の記述から引用し、紹介しよう。

　そして、本節のテーマである「投資家向け独自性アピール」の重要性

図表5-11 「独自性」と「比較可能性」の関係性

人的資本の開示内容の構成要素

独自性1	独自性2	独自性3

比較可能性がある
開示項目1、2、…

フィギュアスケートの採点要素

「演技構成点」
・表現力を示す
・Artistic impressionが重要

「技術点」
・規定に沿って厳格に採点
・Technical elementsが重要

の高まりは、日本企業の多くに人事変革を迫ることになるであろう。大手企業が人事専門コンサルティング会社から人事戦略の"コピペ"をしたところで、投資家は簡単に騙されることはない。経営者は、自社固有の経営戦略に沿う形で、骨太で、かつ独自性の高い人材育成、組織強化への投資と実行力が問われている、と考え、自社の人材戦略を再点検し、競合差別化強化の観点からも独自性のある人への投資を積極化することを推奨したい。

NTTデータにおける固有の経営戦略と人材戦略のつながり

・技術の進化が著しいITサービス業界において、顧客ニーズや技術のトレンドを掴み、イノベーションを生み出し続ける
・長期にわたる強固な顧客基盤から得た顧客業務ノウハウ、アプリケーションノウハウ蓄積は人と組織に根付く

↓

人財はNTTデータの競争力の源泉

↓

2019中期経営計画の成長戦略の1つに「グローバル全社員の力を高めた組織力の最大化」を位置付け、全社員のデジタル対応力強化に重点的に取り組む等

独自性のアピール

・NTTデータ独自の人材育成プログラム「プロフェッショナルCDP」を導入
　　国内外で19,300名を新規認定。延べ72,000名に
・事業の必要性に応じて段階的に人材タイプを創設
　　2019年度：ビジネスディベロッパ、データサイエンティスト
　　2020年度：デジタルビジネスマネージャ

（4）個別開示内容の具体化②：比較可能性を意識する

2022年8月公表の「人的資本可視化指針」では、

- できるだけ多くの投資家や評価機関の企業間比較ニーズを意識し、"比較可能性"に配慮した形での開示を進め、
- （自社が一度でも開示した項目については）"継続的に"開示を行う体制を整えることが重要

と記載されている。（注：傍点は筆者の見解追記）

ここで、前節でも触れたフィギュアスケート競技の採点要素を、人的資本開示要素に対するアナロジーとして用いて説明してみよう。

前節で説明した「独自性」要素が企業固有の戦略に基づいてアピールされるのに対して、「比較可能性」要素は、企業間比較が可能な複数の国際基準で規定されている項目に基づいて開示することとされる。

また、独自性と比較可能性の関係性／位置付けについては、

- 「比較可能性」要素：人的資本開示の"最低限"の土台
- 「独自性」要素　　　：「比較可能性」という土台の上に咲かせる花卉
  （＝アピール可能な要素）

として相互の関係性を位置付けることができよう。

そして、「比較可能性」がある開示項目を特定する社内議論においては、以下の2つを念頭に置いて議論を整理するとよい。

1つには、開示項目の3つの類型に留意する、ということである。人的資本開示の国際標準ISO 30414では、開示項目の類型として、インプット系、アクティビティ系、アウトカム系の3つが紹介されている。そのうち、比較可能性がある開示項目を類型別に例示すると**図表5-12**のとおりである。

もう1つは、価値向上とリスクマネジメントのバランスである。

内閣府の指針で例示された人的資本開示に関する19項目は、企業価値向上とのつながりを説明するための項目と、投資家他のリスクアセス

図表5-12	ISO 30414における比較可能性のある開示項目（例）
アウトカム系	エンゲージメント、離職率、労働災害の発生件数・割合、死亡数
アクティビティ系	人材開発・トレーニング、組織風土の質的向上のための打ち手
インプット系	研修時間、研修費用

図表5-13 投資家のリスクアセスメントニーズに応えるための検討項目（例）

	開示テーマ（例）	考慮すべきリスク
流動性	採用	ターゲット人材の採用難リスク
育成	サクセッション	経営幹部の後継者不足リスク
	リーダーシップ	リーダーに対する組織の信頼失墜リスク
	スキル／経験	新事業開発リーダーのスキル／経験不足リスク
エンゲージメント	エンゲージメントサーベイ／従業員満足度調査	急成長に伴うマネージャー数不足に起因する組織文化の希薄化
コンプライアンス／倫理	ハラスメント	組織風土に起因するパワーハラスメントリスク

メントニーズに応えるための項目に大別される（一部の項目では価値向上とリスクマネジメントの両方の要素を説明可能なものが存在する点に留意。例：ダイバーシティ、身体的・精神的健康、等）。

　価値向上に関連する項目については、本節（1）人的資本への投資と競争力とのつながりを可視化したうえで選定を進めればよいだろう。

　一方、リスクマネジメントに関する開示テーマは極めて広範になるため、投資家が関心のある"自社の主力事業の継続可能性"に大きな支障を来すかどうか、を判断軸に据えて開示の優先順位をつけていくことをお勧めしたい（**図表5-13**）。

　以上の要素を整理したうえでの最終確認として、開示内容の全体を俯瞰し、価値向上、リスクマネジメントのいずれにも極端に偏らないよう開示ボリュームのバランスを整えることも重要である。

日本投資環境研究所

人的資本開示を行ううえでのポイント

Q 日本版人的資本開示ルールが2022年夏に公表され、上場企業はすべからく有価証券報告書において法定開示義務が課されたことになる。法定開示義務化の背景と、開示項目の本質的な意味合いとは？

　岸田内閣が掲げる新しい資本主義の下、成長と分配を実現するための政策の主要アジェンダとなったことが大きい。法定開示項目には、人材育成、社内環境整備の2つの切り口からの開示を求める人的資本と、多様性の3つの指標に分けられる。

　まず、人的資本の2つの切り口からの開示においては、資本市場に対して本気の人事制度改革への説明が求められている、と考えるべきであろう。高度経済成長の時代に確立した新卒一括採用等の日本型人事システムを採用しつづけている企業経営者には、雇用人材の平均年齢アップと定年延長等の課題に対して、また事業経営上の必要なリソースとの溝を埋めるための人事組織戦略の説明が求められるようになる。

　一方、多様性は社会的な要請からセットされた、という特徴がある。女性活躍社会の実現のほか、少子高齢化に伴う生産労働人口の減少等の日本社会が抱える構造的な課題に対して、企業経営者がどのように取り組もうとしているか、を注視している。

　このように、人的資本に対する動きが法定開示で定められた、ということの意味合いについては、日本企業の変革推進のためのトリガー、ナッジ＊としてとらえるべきである。

＊行動経済学の用語で「肘で突く」という意味から転じて、「行動を促すきっ

かけ」との意

Q 内閣官房が企業経営者と開示実務担当者に向けて提示した「人的資本可視化指針」においては、開示に向けたステップ、項目例示が多岐にわたる。これから取り組む企業経営者、実務者の皆さんに向けて、投資家目線からどう取り組むとよいか、ポイントをいくつか助言いただきたい。

　すべての例示されている項目を、初年度からすべて揃えようとする必要はない、と考える。ステップ・バイ・ステップで取り組んでいけばよいのではないか。開示項目数を増やすよりも重要なのは、自社の経営戦略を実現するための人材戦略において、何が最も大事なポイントなのか、を特定し、どんな取組みを／いつまでに／どれくらいの時間をかけて実行するか、を可能なかぎり明確な数値で表現することである。人材育成に関して言えば、経営戦略と連動した人的ポートフォリオを、今後どのように作っていくか、そのロードマップを示すことが最も大事である。

　人口構造が変化する中、時代にマッチした形で人的ポートフォリオを変える方法は1つではない。たとえば、中途採用と新卒採用のバランス、現在保有している人材のリスキルをどのようなスキル習得プログラムで、いつまでにどうやって進めるか、等。各社固有のこれまでの経営と人材戦略の経緯と現在の課題のありか、そして将来の力点の置き所は各社各様のはずである。人事組織コンサルティング会社の指導のもとで、人事戦略を"コピペ"しても、評価が高められるわけでもない。

　だからこそ、投資家たちは、企業固有の戦略的な強みと、そこから導かれる企業の独自性をどう表現しているか、に大いに注目している。

なお、指針で示されている4つの視点（TCFD提言等）をどう考えるか、について言えば、自社の「経済価値」を説明する視点と、「社会の要請」にどう応えるか、の視点で分けて整理するとよい。そして、いずれの視点においてもforward-looking思考、つまりこれからの未来の要素の記述内容にこそ投資家の強い関心がある点を申し添えておく。

❓ なぜ、国内外を問わず、投資家たちは人的資本の開示を強く求めているのか？

　人的資本関連情報は、多くの企業で当該事業年度では"非財務情報"として位置付けられるが、数年後には確度高く"財務情報"になり得る、と見ているからである。言い換えると、10年後にこの企業は変化の激しい外部環境下で、変化に適応して生き残っていけるか、を見極めようとしている。そもそも、会社経営は"変化し続ける"ことが生存するうえでの前提条件であり、持続可能な組織を運営するうえで極めて重要なはずである。また、本来企業の人的ポートフォリオの現在の姿は永続するものではなく、事業のライフサイクル変化に伴う需給のギャップが生まれることが必然である、と投資家は考えている。

　したがって投資家たちは、
- 検討対象企業の経営者が、外部環境の激しい変化に適応して変わろうとしているか、または、
- 心の奥底の本音では"変わりたくない"と思っているか、

そのいずれが真の姿なのか、を可能なかぎり把握したい、と考えている。

　つまり、さまざまな外的な環境変化に対する経営者の"覚悟"こそが問われているのが、人的資本の開示である、と言える。

　日本政府は少しお節介なところがある。日本がもう一度世界で認められるために、内部留保を積み上げ、人にも投資せず変化に受け身の姿勢が強い企業経営者自身が変わってもらわないと困る、と考えている。そのため、今回の法令改正では、法的な強制力が強く広範囲に影響が大きい金融商品取引法に基づいた開示義務化というカードを切ったわけである。

インタビュイー：**藏本 祐嗣**（くらもと・ゆうじ）氏
株式会社日本投資環境研究所 客員研究員。1985年住友銀行（現 三井住友銀行）入行、1990年から2022年3月まで三井住友DSアセットマネジメント株式会社（旧 大和住銀投信投資顧問）にて運用開発部長、企業調査部長、執行役員運用企画部長、責任投資オフィサー等を歴任。2001年よりコーポレート・ガバナンス活動、ESG活動に従事し、経済産業省、厚生労働省の各種委員会、研究会に委員として参画したほか、金融庁、東証、経済産業省をはじめさまざまなセミナー等で講演。2022年3月、「日本のせんたく立案支援工房株式会社」を立ち上げ、活動を開始。

QUICK ESG研究所

ESG投資としての人的資本開示

❓ QUICK ESG研究所およびそこでの仕事とは？

　株式会社QUICKは、日本経済新聞社グループの一員として、1971年の創業以来、公正・中立な立場から、付加価値の高いグローバルな金融情報サービスを提供している。QUICKのサービスは、日本の証券・金融市場を支える情報インフラとしての役割を担い、証券会社や金融機関を始め、機関投資家や一般事業法人、個人投資家の方々まで、幅広い顧客層の意思決定をサポートしている。

　QUICK ESG研究所は2014年に設立された。ESGの専門アナリストを擁し、ESGに関するグローバルなリサーチと、アセットオーナー・アセットマネージャーおよび企業のサステナビリティ部門にESG評価データやレポートに基づくアドバイザリーサービスを提供し、ESG投資やエンゲージメント、サステナブル経営の推進を支援している。

　私自身は2015年に、GPIF（Government Pension Investment Fund；年金積立金管理運用独立行政法人）より受託した「年金積立金管理運用独立行政法人におけるスチュワードシップ責任およびESG投資のあり方についての調査研究業務」におけるプロジェクトマネージャーを務めたことを契機に、ESG投資に関する海外動向のウォッチを始めた。現在、海外の投資家から見て納得感のある開示方法を日本企業にアドバイスしている。

　日本株式の外国人持ち株比率が30％前後で推移するなか、日本企業にとっては企業規模にかかわらず、海外の投資家が無視できない存在になってきており、ESGへの意識や人的資本情報開示に対

する感度は海外投資家の影響をより受け、企業側で高くなっていることを実感している。

　気候変動や人権問題に対する関心は日本はグローバルと比較すると遅れていると感じているが、やがて日本にもこの波は確実に押し寄せると見ている。

Q **ESG の情報開示が活発化しているなか、S（Social）の部分、特に人的資本への注目度が高まってきたのはなぜか？**

　地球規模のサステナビリティ課題が非常に深刻化してきていること、1987 年に発表された「環境と開発に関する世界委員会」（通称：ブルントラント委員会）の報告書で、「次世代に対する責任」に言及されたことは、「持続可能な開発」という考え方を広がるきっかけとなった。この考えは、「地球上の誰一人取り残さない」ことを誓った 2015 年の「持続可能な開発目標（SDGs）」への採択につながり、ESG、サステナビリティへの関心を高めるきっかけとなった。

　1999 年の世界経済フォーラムにおいてコフィー・アナン国連事務総長（当時）の提唱により、「人権」「労働」「環境」「腐敗防止」等に関する 10 原則の遵守を企業に要請する「国連グローバル・コンパクト」が定められた。ここで定められた労働に関する原則の中で、労働者の基本的な権利を尊重すべきであるという考え方が掲げられ、民間企業が人的資本を含めた労働問題に取り組むきっかけになったと考えている。

　国連環境計画・金融イニシアティブと、国連グローバル・コンパクトが 2006 年に連携して作った投資家イニシアティブに責任投資原則（PRI）[2] がある。この PRI が、署名機関数、資産運用総額ともに大きく伸びており、2015 年には世界の総資産運用残高の 50％を

図表5-14 PRI署名機関数と署名機関の資産運用残高合計推移

■3,826機関、121.3兆USD（約1.34京円）2021年3月時点

資産 運用残高（兆、ドル）

ターニングポイント①
署名機関の資産運用残高が過半数を超えて投資のメインストリームに
世界：パリ協定、SDGs
米国：ERISA法の解釈変更
日本：GPIFのPRI署名

ターニングポイント②
気候変動問題、コロナ禍、世界のサステナビリティを揺るがす事態

署名機関数（社）

2006年
PRI発足

2007年
～2008年
金融危機

2006 2007 2008 2009 2010 2011 2012 2013 2014 2015 2016 2017 2018 2019 2020 2021

▨ 署名機関全体の運用残高（兆、ドル）　　　···◆··· 署名アセットオーナー数
▨ 署名アセットオーナー全体の運用残高（兆、ドル）　　━●━ 署名機関数

出所：PRI資料よりQUICK ESG研究所作成

超え、投資の世界でメインストリームになった。このことも事業会社や金融側にとって、サステナビリティやESG[3]に真剣に取り組まなければならないという認識をさらに高めることとなった。

　国際統合報告評議会（IIRC）が2013年に「国際統合報告フレームワーク」を発表したのも非常に重要な動向であった。ここで企業の価値創造プロセスがオクトパスモデル（**図表5-15**）としてまとめられ、人的資本を含む6つの資本が定義されたことも、人的資本への注目度上昇につながった。

　日本企業の統合報告書がIIRCのフレームワークに示された内容要素とポイントに沿って、実績と見通し、評価測定方法までの開示

---

[2] ESG要因を投資決定やアクティブ・オーナーシップに組み込むための戦略及び慣行のこと。出所 https://www.unpri.org/download?ac=14736

[3] 「持続可能な証券取引所（Sustainable Stock Exchange）イニシアティブ」の定義によると、サステナビリティとESGはほぼ同義語であるとされている。

図表5-15 オクトパスモデル

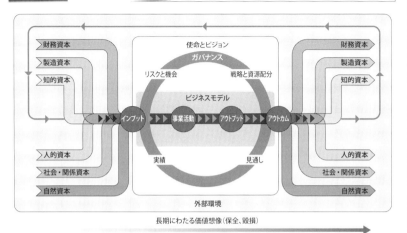

財務資本
製造資本
知的資本

使命とビジョン
ガバナンス
リスクと機会　　戦略と資源配分
ビジネスモデル

財務資本
製造資本
知的資本

インプット　事業活動　アウトプット　アウトカム

人的資本
社会・関係資本
自然資本

実績　　　見通し

人的資本
社会・関係資本
自然資本

外部環境

長期にわたる価値想像（保全、毀損）

は、未だ課題が多いのが実態だと見ている（**図表5-16**）。

　2015年制定の「コーポレートガバナンス・コード」でも、人的資本についての言及がある。しかしコーポレートガバナンス・コードは、サステナビリティ課題として、「気候変動などの地球環境問題の配慮、人権の尊重、従業員の健康・労働環境への配慮や公正・適切な処遇、取引先との公正・適切な取引、自然災害等への危機管理」を限定列挙しており（補充原則2-3①）、人的資本はサステナビリティ課題であるとはみなされておらず、サステナビリティに課題を解決するための重要な資本の1つとされた（補充原則3-1③、補充原則4-2②、原則5-2）。

Q 環境の変化が待ったなしの状況となると、経営の前提も変わってくる。これからの時代の経営をどうしていくのか、組織の持続可能性をどう担保するのか、変化に対する対応が問われている

だからこそ人材がポイントとなるのだと思う。人材をどのように

内容要素	ポイント
A. 組織概要と外部環境	組織が何を行うか、組織はどのような環境において事業を営むのか： ・組織概要（組織の文化、倫理及び価値、オーナーシップ／経営体制、主要な市場、活動など） ・主要な定量的情報（従業員数、収益、進出国など）： ・経済、市場動向、環境、社会課題、法規制、政治動向　など
B. ガバナンス	組織のガバナンス構造は、どのように組織の短、中、長期の価値創造能力を支えるのか： ・組織のリーダーシップ構造 ・戦略意思決定、企業文化を形成し、モニタリングするプロセス　など
C. ビジネスモデル	組織のビジネスモデルは何か： ・主なインプット、事業活動、アウトプット、アウトカムなど
D. リスクと機会	組織の短、中、長期の価値創造能力に影響を及ぼす具体的なリスクと機会は何か、また、組織はそれらに対しどのような取組を行っているか： ・具体的なリスクと機会 ・発生可能性 ・リスク管理プロセスなど
E. 戦略と資源配分	組織はどこを目指すのか、また、どのようにそこに辿り着くのか： 戦略目標、戦略、資源配分計画 戦略目標達成の測定方法　など
F. 実績	組織は当該期間における戦略目標をどの程度達成したか、また、資本への影響に関するアウトカムは何か： ・実績の定性、定量情報　など
G. 見通し	組織がその戦略を遂行するに当たり、どのような課題及び不確実性に直面する可能性が高いか、そして、結果として生ずるビジネスモデル及び将来の実績への潜在的な影響はどのようなものか： ・外部環境、リスクと機会、戦略と資源配分の見通し　など
H. 作成と表示の基礎	組織はどのように統合報告書に含む事象を決定するか、また、それらの事象はどのように定量化又は評価されるか： ・マテリアリティ決定プロセスの要約 ・バウンダリとその決定方法の説明 ・重要性のある事象を定量化又は評価する上で重要な枠組み及び方法（たとえば、財務報告基準）の要約など

出所：国際統合報告フレームワーク日本語訳よりQUICK ESG研究所作成
https://www.integratedreporting.org/wp-content/uploads/2015/03/International_IR_Framework_JP.pdf

競争力のある形で獲得し、維持して、価値を上げていく、そして将来とのスキルギャップを埋めて、組織の持続可能性を保つというこ

とがまさに求められるようになり、投資家もそこに注目するようになってきた。SEC（米証券取引委員会）でも金融庁でも動向が出てきているのにはこうした背景を受けてのことと思う。

　海外のアセットオーナー（AO）、アセットマネージャー（AM）が、どの課題をマテリアリティ（重要課題）と捉えているのか、開示方法から整理したものが**図表5-17**である。

　AO、AEともに1位は気候変動であるが、ダイバーシティおよびインクルージョン（D&I）、人的資本、労働慣行もランクインしている。AOはより持続可能な社会を重視、AMはリターン重視する傾向があるので、AMのほうが人的資本系の項目が上位に来ているのではないか。とくにAMは国籍シェアで見ればアメリカが多数であり、企業価値向上に貪欲なアメリカの投資家の価値観が現れてい

図表5-17　機関投資家が掲げるマテリアリティ

AOが掲げるマテリアリティ（上位5位）

順位	マテリアリティ	マテリアリティとした機関投資家数
1	気候変動	11
2	コーポレートガバナンス	7
3	人権	6
4	D&I	3
5	水管理	2
5	生物多様性	2
5	自然資源の保全	2
5	人的資本	2
5	説明責任	2
5	労働慣行	2

AMが掲げるマテリアリティ（上位5位）

順位	マテリアリティ	マテリアリティとした機関投資家数
1	気候変動	9
2	自然資本	5
2	人権	5
4	人的資本	4
4	DE&I	4
4	コーポレート・ガバナンス	4

出所：各機関投資家のHPなどの公開情報よりQUICK ESG研究所作成　2022年6月時点
　　　上位20の抽出方法：出所：Wills Towers Watson Thinking Ahead Institution 2021 Global Top 300 pension fund
　　　＊AP1～4は、保険料を4分の1ずつ受け入れて運用を行っているため、1つの組織として集計
出所：Wills Towers Watson Thinking Ahead Institution 2021 the world's largest 500 asset managers

るとも推測する。

Q 注目する人的資本における開示テーマとはいったい何か？

　まず第1に、各企業が重視する人的資本指標は何であるのか、その指標を選んだ背景と、将来どうしていきたいのかというストーリーに注目している。

　第2に、さまざまな調査会社のレポートや各種の開示ガイドラインを見ていると、グローバル共通で出てくる指標がいくつかあるのだが、その1つに「自発的離職率」があり、私も注目している。これについても、結果として高いとか低いとかということではなく、なぜこの結果なのか、将来どうしたいのかという、前後のストーリーも併せて確認したい。

　第3に、「従業員のエンゲージメント」である。これは透明性のある方法で第三者機関を使って計測することが重要で、しかも全体の結果だけでなく、国別、事業別に、さらに時系列でも比較できる形での開示が望ましい。

　第4に、従業員の意見がどれぐらい会社に吸い上げられているのか、そういう仕組みがあるのかという点にも興味を持っている。つまり、「内部通報制度」が有効に機能しているのかという指標で、内部通報の件数、その分野内訳（環境、人権、労働、腐敗防止など）、国別や事業別などのレイヤーで分析して、行動規範がしっかりと機能しているのか、改定する必要はないのか、といったことまでを分析して開示することが望ましい。こうしたことがエンゲージメントの指標にも影響するのではないかと思っている。

　もう1つ追加であげるとしたら、「研修時間」である。単にコンプライス研修を何時間やった、インサイダー研修を何時間やった、ということではなく、将来のビジネスポートフォリオを見据えたう

えで、不足を埋めるためのリスキリングに投資ができているのかどうか、その数字とストーリーに注目している。

Q 注目度が高まっている雇用インパクト投資[4]をどう見ているか？

PRIでは2017年頃、リスク、リターンに次ぐ投資評価の第3の軸としてインパクトを考慮すべきだ、インパクトにはネガティブインパクトとポジティブインパクトがあり、その両面をコントロールする必要がある、という見解を公表した。

S&P500ESGという、S&Pの代表的なESGインデックスがあるが、通常のS&P500と比べ、実はリスクとリターンは変わらない。ただ、ESGのインパクトでは上回っていることが確認されている。同社は、リスクとリターンが同じ2つのインデックスがあるのなら、社会によりポジティブなインパクト与えるインデックスのほうが良い投資と言える、と説明している。

欧州を中心に、インパクトレポートを出す企業も増えてきている。そこでは、その企業の進出国ごとに雇用創出や売上高、納税額などの実績を開示して、どの国でどれだけのインパクトを出したということがアピールされている。

雇用を創出する、賃金をしっかり払うというのは、企業としての重要なアウトプットであるので、注目度は今後ますます高まっていくと思う。

---

[4] 1人の雇用が創出されると、社会に対してどれくらいの経済価値が生じるか、という社会的インパクトの観点から投資を評価すること

Q 日本の「人的資本可視化指針」のうち、国内外の投資家の関心がとくに高い項目は何か？

　どの項目というよりも、なぜその項目を選んだのかというストーリーに"独自性"があることではないかと思う。投資家は独自性のある企業、他社の模倣ではない企業に、より強く注目するものだからだ。

Q 人的資本開示が新たに拓く「企業価値創造」のこれからについて、日本の経営者に向けてメッセージを

　何よりまず、事業戦略と人事戦略を貫く独自性のあるストーリーが重要である。これは日本のコーポレートガバナンス・コードとも整合が取れていることなので、先に述べた統合報告書のフレームワークに示されている内容要素とポイント1つ1つに真摯に向き合い、ストーリーを持って情報開示に取り組んでいただきたい。

　次に、投資家サイドも人的資本というテーマにもっとエンゲージメントしてほしいと願っている。その際、経営者は環境課題や社会課題について、投資家よりも深い理解を持っていると思うので、投資家と対話を重ねて啓発してほしい。現状ではどうしても、評価者と被評価者のような立場で、まるで尋問のようになってしまっている場合も見受けられる。

　そうではなくて、対等な立場で対話を重ね、対話の質を上げていってほしい。企業側も、どのような開示、どのようなアピールが効果的なのか、投資家の視点も取り入れていくことによって、自社の魅力を世界に提示できるようになるのではないかと思う。経営者の役割に期待している。

インタビュイー：**中塚 一徳**（なかつか かずのり）氏
1992年 QUICK 入社。機関投資家向けサービスの企画、開発、研究を担当。
ESG研究所では、ESGデータを活用した定量分析やアドバイザリーサービス
に従事。2015年、GPIF より受託した「年金積立金管理運用独立行政法人にお
けるスチュワードシップ責任及び ESG 投資のあり方についての調査研究業
務」におけるプロジェクトマネジャーを務める。日本証券アナリスト協会セミ
ナー「ESG投資の現状と課題」のほか、運用会社、企業などでの講演多数。
東京理科大学理工学部経営工学部卒（'90）同修士課程修了（'92）。

第 **6** 章

開示に向けての
実践的アプローチ

1 | 開示に向けた必要な準備の全体像

2022年8月に内閣官房より「人的資本可視化指針」が示されたが、その内容は世界的に見ても高い水準の人的資本に関する情報開示を要請し、かつ広範囲にわたっていることは第1章第2節で述べた。この方針については、欧米諸国に大きくビハインドしていた人的資本開示の質と量を底上げし、一気にその後れを取り戻したい、との政策当局の強い意志が感じられる。

一方、人的資本開示準備に取りかかった実務家たちからは、「一体、どこから手をつければよいのか、見当がつかない」という意見や相談を受ける機会が急増している。

そこで、本章では、人的資本開示のために必要な準備について、第1節において全体像を示し、第2節以降の各論において、実践的な施策推進に役立つ情報を解説していく。

■「誰のための開示か」をセットする

筆者の愛読書に『孫子の兵法』がある。ここでは孫子が後世に残したあまりに有名な「彼を知り己を知れば百戦殆（あや）うからず」の格言を参考に、開示戦略のアプローチを考えてみたい。

全体像を形作っていくうえで、最初にセットすべきは、「彼を知る」、すなわち「誰のための開示か」である。

2022年から日本で本格的に始まった人的資本の開示は、内閣官房から同年6月7日に公表された「新しい資本主義グランドデザイン及び実行計画」の中で「今後、資本市場のみならず、労働市場に対しても、人的資本に関する企業の取組について見える化を促進することを検討する」と述べられているように、マルチステークホルダー向けの情報開示

となるよう意識して取り組む必要がある。

　しかしながら、資本市場向けの情報開示内容と、労働市場向けの内容では、自ずと開示内容に違いが生じる。それはなぜなら、開示情報へのニーズの違いが大きいからである。

　そこで、本節では、資本市場を構成する主要プレーヤーであり、本分野の情報開示を強く求めている**投資家向けの開示戦略**を想定して全体像を考えることとする。

■ 自社の人的資本経営レベルを客観的に把握する

　自社が取り組む人的資本の開示の備えにおいて、まず「誰のために」がセットできたら、次に取り組むべきは「己を知る」である。

　人的資本の開示において投資家が強い関心を持つのは、投資先候補企業において人的資本を資産へと変換するような経営が行われているか、とされる。換言すれば、「己を知る」という場合の「己」とは、自社の「人的資本経営」のマネジメント品質であり、「知る」とは人的資本経営のレベル感を把握する、ということである。

　その際に留意すべきは、「知ったつもり」にならないことである。可能なかぎり「客観的」に、自社の人的資本経営レベルを把握できるか、が経営マネジメントレベルの質の向上のために極めて重要となる。

■ 全体像のフレームワークに基づいて準備を進める

　日本版人的資本開示ルール対応に向けて、前出の準備段階を経て実践的な準備を進めるうえで必要な4つの要素を時間の流れに沿って整理した実践アプローチの全体像を示す。

　なお、ここでの時間の流れは、日本の上場企業の会計年度として採用されている期間と同様に1年間を想定している。

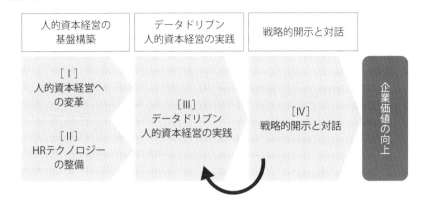

図表6-1 日本版人的資本開示ルール対応に向けた実践アプローチの全体像

第1ステップ：人的資本経営の基盤構築…… ［Ⅰ］［Ⅱ］

まず、投資家向けに高い評価を獲得するための人的資本経営の基盤を
ソフトとハード（＝ITシステム）の2つの要素に分けて投資を行いな
がら構築する必要がある。

［Ⅰ］人的資本経営への変革（ソフト）

［Ⅱ］HRテクノロジーの整備（ハード）

第2ステップ：データドリブン人的資本経営の実践…… ［Ⅲ］

第1ステップでデータドリブンな人的資本経営を行う準備を整えたら、
次に、人事に関連するさまざまな業務領域のアクションを実行する。こ
こでのポイントは、数値目標としてのKGI/KPIをセットし、各アク
ションの結果について可能なかぎり数値で検証し、改善アクションにつ
なげていくようなマネジメントサイクルを回しているか、にある。

第3ステップ：戦略的開示と対話…… ［Ⅳ］

人的資本経営の業務は多岐にわたっており、経営戦略的な要素が含ま

れ、さらには極めてセンシティブな業務も包含されている。そのため、開示の実務においては、投資家に対して自社の強みや未来に向けた価値創造への理解が進み、将来的な企業価値向上につながるか、の観点から"戦略的に"取捨選択を実施すべきである。そのうえで、投資家との対話等を通じて開示内容に対するフィードバックを積極的に受けて、人的資本経営のレベルアップにつなげていく。

　今後日本においても、本格的な人的資本開示の質量両面での"競い合い"が生じることが予測される。日本の上場企業経営者および開示実務担当者は、その競争に打ち勝つための"開示戦略"について、本節で示した全体像を運用の参考にしていただけたらと思う。

2 クラウド情報基盤の構築と実行プロセス

　人的資本経営の実践においては、数値目標としてのKGI/KPIをセットし、各アクションの結果について可能なかぎり数値で検証し、改善アクションにつなげていくようなマネジメントサイクルを回していくことがポイントであることは、先に述べたとおりである。

　一方でこのサイクルの実行には、従来型の人事システムの機能や要件だけでは不十分であり、新たにクラウド情報基盤（データインフラ）への先行投資が必要不可欠である点は、まだ十分に認識されていない。

　本節ではクラウド情報基盤への投資が、「なぜ必要なのか」「中長期的に期待できる効果」「実践プロセスとチェックリスト」を紹介する。

■ クラウド情報基盤への投資が必要となる理由

　人的資本の情報開示で設定したKGI/KPIを可視化することは、一見簡単なプロセスに見えるかもしれない。しかし、従来型の人事システムだけで対応しようとすると、データ処理において膨大な作業工程となることは看過されがちである。データ処理のプロセスは料理のプロセスに形容されることがあるが、料理においては適切な食材の選定・下ごしらえ・保存・盛り付け・アレルギーへの配慮などが重要であることと同様に、データ処理においても精度や鮮度を保つために重要なプロセスが存在する。

　KGI/KPIを可視化するまでには、（1）データの収集、（2）データのマッピング・書き出し、（3）データの蓄積、（4）データの分析・KGI/KPIとしての可視化という4つのプロセスを経る。残念ながら従来型の人事システムには、（1）〜（4）それぞれのプロセスを滞りなく実行するような要件は具備されていない。具体的にどのような落とし穴が存在

するのかを順に説明していく。

（1）データの収集

　人的資本を構成する従業員データは、一般的に企業内で統一されていることは少なく、複数の異なるシステムに分散している。またこのトレンドはコロナ禍でさらに強調傾向にあり、米国HRテクノロジー関連調査会社Sapient Insights Groupによる2021年に行われた世界の企業を対象としたリサーチ結果（Sapient Insights Group 2020-2021 HR Systems Survey）によると、1つの企業が並行して利用するHRテクノロジーソリューションの数は2019年の8.85から、2021年の16.24へ大幅に増加している。従業員データが分散化する傾向を放置すると、従業員一人ひとりがどのように採用されたか、毎月いくらの給与が支払われているか、毎月の出勤日数や残業時間はどれくらいか、現在の役職や職務は何か、それぞれ異なるシステムで管理せざるを得ず、結果として全体感を持った現状把握や分析が困難になるということでもある。

　また、M&Aを繰り返して大きくなったような企業は、同じデータ項目に対しても事業部ごとに異なるシステムやデータベース、フォーマットで管理されていることも少なくない。KGI/KPIに生産性に関わる指標がある場合は、従業員データだけでなく財務データも接続する必要がある。なお、財務データは通常、人事システムとは異なる名称や勘定コードが使われることもあり、名称の統一作業や配賦は容易ではない。

　さらに、従来型の人事システムのほとんどは、最新の情報を記録・管理することを志向していることから、過去の情報との比較が困難か、そもそも比較が不可能なことがある。そのため、組織や従業員の情報が更新されるたびに、都度データを抽出してローカル上で管理しなければならない。

　このように、バラバラに散在するデータを都度フォーマットを揃えな

がら収集・集約しなければならないということは、人事データの集計・分析を阻む壁として多くの人事アナリストを悩ませている。

（2）データのマッピング・クレンジング

　従業員データに関しては（1）データの収集よりもより重い問題が存在する。それは、バラバラに入力されるデータに統一されたフォーマットがないため、集計の前にデータクレンジングに多くの時間が取られてしまうということだ。

　データクレンジングとは不正確・不完全・欠損したデータを特定し、それらを変更・置換・削除しデータの質を高めるためのプロセスの総称であり、**図表6-2**のように繰り返し行うことで、常にデータを正常な状態に保つことが重要とされる。

図表6-2 データクレンジングの6つのプロセス

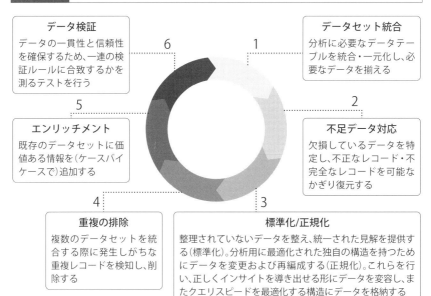

データ検証
データの一貫性と信頼性を確保するため、一連の検証ルールに合致するかを測るテストを行う

6

1
データセット統合
分析に必要なデータテーブルを統合・一元化し、必要なデータを揃える

2
不足データ対応
欠損しているデータを特定し、不正なレコード・不完全なレコードを可能なかぎり復元する

5
エンリッチメント
既存のデータセットに価値ある情報を（ケースバイケースで）追加する

4
重複の排除
複数のデータセットを統合する際に発生しがちな重複レコードを検知し、削除する

3
標準化/正規化
整理されていないデータを整え、統一された見解を提供する（標準化）。分析用に最適化された独自の構造を持つためにデータを変更および再編成する（正規化）。これらを行い、正しくインサイトを導き出せる形にデータを変容し、またクエリスピードを最適化する構造にデータを格納する

　しばしばデータサイエンティストやアナリストは、"Garbage in, garbage out"（ゴミデータを分析してもゴミ分析しか生まれない）と言うが、質の高い分析結果を得るためにも、データの質を高めることは非常に重要なポイントといえる。

　図表6-2ではデータクレンジングの6つのプロセスを捉えているが、それぞれがどのような意味を持つのか、順を追って解説する。

①データセットの統合

　前述のとおり、人事データは多くの場合、複数のシステムやファイルに分断され、フォーマットも異なる。そのため、分析業務を行う前にデータセットの統合が必要になる。下記の表は2つのデータテーブル（従業員テーブルおよび組織テーブル）で、従業員テーブルには部署コードが書かれているが、部署の詳細やチームについては情報がない。従業員データを部署やチームの情報を用いて集計や分析に使う必要がある際は、これらテーブルのデータを連携し、一元化する必要がある。

従業員テーブル：

従業員 ID	部署コード	名前
1	1-20-203	田中丸
2	1-21-250	山田丸

従業員テーブル：

部署コード	組織	部署	チーム
1-20-203	IT	業務部	ヘルプデスク
1-21-250	IT	開発部	バックエンド

②不足データの対応

　不足データの取り扱いは、次の2種に分類されることが多い。

（a）必須項目が不足している場合：従業員IDのような必須項目は欠

落しているとデータセットの有用性が無効となる場合もあるため、この場合はデータレコードを削除するか、（可能な場合は）修正する必要が発生する。

（b）必須ではないその他の項目でデータが不足している場合：これらの項目にデータが欠落している場合も、分析に影響し場合によっては間違ったインサイトを与える可能性があるため、可能なかぎり値を補完する必要がある。

例：

従業員 ID	組織	部署	チーム
不明	IT	業務部	ヘルプデスク
2	不明	不明	バックエンド

▲ 正しくないレコード
▲ 完了していないレコード

従業員 ID	組織	部署	チーム
2	IT	開発部	バックエンド

● 正しいレコード

③標準化／正規化

標準化：「標準化」の目的は、整理されていないデータを整え、統一された見方を提供することである。複数のソースからのデータを統合する場合、使用される名称はしばしば意味や定義が異なり、社内での混乱を招くことにつながる。

たとえば、部署やチーム名などの項目は、システムに入力規制がなく俗人的な管理がされた場合、得てして複数の値が散見される。こういった場合、統一された名称でデータを標準化することが必要になる。いわゆる「名寄せ」と呼ばれる作業だ。

カテゴリーの表記の例：

チーム名	標準化 》チーム名
Support Team	サポートチーム
サポートチーム	サポートチーム
サポートチーム	サポートチーム
Support チーム	サポートチーム

日付の表記の例：

入社日	退職日		入社日	退職日
2019/01/01	2019-12-01	▶	2019-01-01	2019-12-01

　正規化：統計では、「正規化」とは通常、異なるスケールで測定された値を共通のスケールに調整することを指す。データの正規化も同様の概念で、分析用に最適化された独自の構造へデータを変更および再編成することを指す（データの正規化はデータベースの正規化とは異なることに注意）。

　では、人事データの正規化とは具体的にどういうことか。たとえば、データ階層を分析に最も適した形に調整（または重複の消去を）し、グラフの可視化やクエリーの計算スピードを最適化するためデータを再構築することがあげられる。

　次ページの表はデータ階層に重複が散見されるデータサンプルだが、クレンジング後には階層の重複がなくなり、整った状態に変わったことがわかる。

階層に重複が散見されるものを再編した例：

クレンジング前

組織 level 1	組織 level 2	組織 level 3	組織 level 3
部署A	部署A	部署A	開発部門
部署A	部署A	インタラクティブ部門	
部署A	マーケティング	マーケティング ソリューション部門	マーケティング ソリューション部門
部署A	部署A	セールス部門	セールス部門

クレンジング後（フィルターが円滑に作動するよう重複を排除したもの）

組織 level 1	組織 level 2	組織 level 3
部署A	開発部門	
部署A	インタラクティブ部門	
部署A	マーケティング	マーケティング ソリューション部門
部署A	セールス部門	

　また、ときにデータ構造は一時的な分析をするのには適したフォーマットだとしても、中長期的な分析には向かないこともある。

　たとえば、右記のようなデータ構造の持ち方をすると、各従業員の特定の評価期のスコアが知りたい場合は問題がないものの、複数評価期の平均スコアを可視化する場合は、データ構造の持ち方が適していないため、計算が困難になる。これは評価タイプと評価期が単一のフィールドに統合され、データとしての柔軟性が失われているからだ。この場合、一時的な分析にも、長期間での総合的な分析にも、双方耐えられるような推奨データフォーマットへの変換をすることが望ましい。

　そもそもデータ収集の時点で、のちのちの分析シーンを想定して理想的なデータフォーマットでのデータを蓄積できていたらよいのだが、最初からあらゆるデータの利用方法を予測するのは難しいため、データの標準化／正規化は避けられないプロセスともいえる。

　ただし、新しいデータの利用方法が提案された段階でデータ収集の方法を見直し、適切なフィードバックのループを作ることによりデータクレンジングの必要範囲を徐々に少なくしていくことはできると期待される。

クレンジング前

従業員 ID	評価対象期間	スコア
1	2019（通常）	A
2	2019（ボーナス）	C

クレンジング後（日付ディメンションを分離したもの）

従業員 ID	年	通常スコア	ボーナススコア
2	2019	A	C

④重複の削除

　複数のデータセットを統合する際に、データレコードが重複することは多い。人事データの場合、たとえば異なる2つの人事システムから同じ発令日の同一の従業員の情報を引き出した際、情報更新の遅延などにより（役職や部署名に）情報の差があれば、それらが同一の従業員のレコードであるにもかかわらず、別々に登録されてしまうなどだ。

　また、従業員が結婚などにより苗字が変わった際に、新しい従業員IDが発番され、重複が起きてしまうケースもある。

　そのような悪いデータが分析結果を左右することがないよう、常に重複レコードをチェックして、発見した場合に除外する必要がある。

⑤エンリッチメント

　データのエンリッチメントとは、既存のデータセットに価値ある情報を追加するプロセスすべてを指す。

[実践的なデータ分析例]

クライアントのシステムに各従業員が働いている勤務地の〝店舗名称〟しか存在しなかったところ、Mapsなどのオープン API も駆使しながら店舗名称を手がかりに自動で各店舗の住所を取得し、県・都市・地区別に振り分けるボットを構築した。これらの追加情報を元のデータに統合することで、従業員の配属が都心や地方にどう分散しているか、またエリアによって賃金格差がどれくらいあるか等の分析が容易になった。

クレンジング前

従業員 ID	勤務地
2	バナリット・ブラッスリー銀座

クレンジング後

従業員 ID	勤務地	都道府県	都市	地区
2	バナリット・ブラッスリー銀座	東京	中央区	銀座

⑥データ検証

データ検証は、クレンジングされたデータの信頼性を確保するための重要なプロセスである。導入されたデータが一連の検証ルール、または検証制約に合致するかを測るテストなどを用い、ヒューマンエラーやその他不正による悪いデータが紛れ込んでいないかをチェックする。

たとえば、従業員レコードの生年月日から算出される従業員年齢が法定労働年齢と照らし合わせて異常な値でないか、また入社日が退職日のあとにくるなど、論理的にありえないデータレコードが存在しないか、などの検証を指す。

検証ルールの一例：
妥当性 従業員の年齢は、法定労働年齢と同じかそれ以上である
一意性 従業員 ID はユニーク（一意）である

整合性	入社日が退職日のあとになっていない

（3）データの蓄積

ここまでのプロセスで統合・クレンジングされたデータは、「データウェアハウス」と呼ばれる「データの貯蔵庫」に一箇所にまとめて蓄積し、必要なときに必要な形で取り出して、活用できる状態にすることが肝要である。しかし蓄積する際に留意すべき点として、何をどこまで蓄積すべきかと、どのように蓄積すべきかの2点については、看過されることが少なくない。

日本ではさまざまな労働法による規定の影響もあり、人事や労務の業務の過程で取得されるデータは相当な項目数にのぼることもある。

さらに、近年は従業員サーベイを定期的に実施する企業が増え、その回答結果をデータとして蓄積するケースもよく見られる。

しかし、蓄積されるべきデータ項目は、多ければ多いほどよいというわけではなく、課題の現状把握や仮説の検証、打ち手の実行のために必要最小限かつ継続性の高いデータ項目に限定されるべきである。最終的に活用される見込みのないデータ項目を取得することは、たとえば従業員サーベイの回答者など、データ取得や入力に関わる従業員の工数を無駄にするだけである。

パナソニックでは、採用業務に関するデータだけで3,000以上の項目を取得していたが、実際に採用課題の特定や改善施策のモニタリングのために必要だったのは15項目で十分であったことが明らかになった（出所：https://panalyt.jp/case/panasonic/）。そのため、データ蓄積において対象となるデータ項目については、自社課題との関連性をもとに極力最小限に取捨選択することが望ましいが、その他の観点として他社との比較可能性やデータ取得の持続可能性も、重要な判断基準となる。

データ蓄積においてもう1つ重要な点は、データウェアハウスの構造の最適化である。食材を冷蔵庫に入れる際には、調理時の利便性や安全性を鑑み、どの食材を冷蔵庫のどの段にどのぐらいの温度で保存すべきかを最適化するように、データ項目についても実際の利用シーンや活用ニーズを考慮し、蓄積方法を最適化する必要がある。

　たとえば、「ハイパフォーマーの離職率について、過去3年間のトレンドを男女別、さらには部署別や職種別にも可視化をし、問題の所在を特定したい」というニーズがあった際、データ蓄積の最適化度合いに応じて、これらのクエリ（要求）の実行にかかる所要時間が5倍以上変わることもある。そのため、データ蓄積のプロセスにおいては、データウェアハウス構造の最適化に対する経験・知見だけでなく、実際の利用シーンや活用ニーズに対する深い理解も必要となる。

（4）データの分析・可視化
　KGI/KPIの見せ方や示唆（So what）にも注力すべきポイントがいくつかある。必ずしも人事や組織の意思決定を任される立場にある人間は皆すべて、データに明るいとは限らない。データに明るくない経営・現場にとっても、判断や意思決定が容易になる可視化を実現するには、So whatにつながるデータインサイトを端的に、わかりやすくユーザーに届ける必要があり、そのためには人事・データ・経営すべての観点や専門性がデータを"見せる側"のアナリストに必要だといえる。これを失敗すると、人的指標可視化のためのツールは分析作業者のおもちゃになり、経営・現場へ浸透せず、結果としてアクションにつながらない。

■ 人事データ可視化における難題：閲覧制限機能の実装
　そもそも人事データは機密性が高い情報であり、たとえ従業員データ自体が会社に帰属し分析への使用を事前に許可されたものであったとし

ても、その取り扱いには非常に慎重にならなければいけない。そのため、ダッシュボードやレポートフォーマットも、ユーザーごとに閲覧を許可される範囲が詳細に設計できなければならないという、独自の難しさも持ち合わせている。

　ダッシュボードへのアクセスを許可されているユーザーですら、全社員の全給与情報や評価情報へアクセスできてしまうと問題になるケースも多く、たとえば人事部の中でも、部署や役職に応じて業務に必要最低限のデータ項目や母集団へデータのアクセスを制限している企業がほとんどだ。

　また、各指標やグラフを比較分析する場合に、さまざまなフィルタリングを行った結果、逆算すれば個人情報の実数値がほぼ特定できてしまうようなリスクも考慮しなければならない。ところが、これを突き詰めた結果、全マネジャーへ公開可能となったダッシュボードにはフィルター機能もなく、給与や評価に関わるセンシティブな情報もほとんど載せられないという、単に役に立たないダッシュボードとなってしまい、その結果、ユーザー定着が達成できなかったというケースも散見される。

　人事データ専門の分析ツールのパナリット（Panalyt）では、母集団が一定数以下になった場合に、算出された数値を表示させないマスキングという手法を用いて、センシティブな情報も適切な開示を可能にしつつ、個人の値までは特定できないようにすることで、上手にリスクを回避しながら役立つ情報をユーザーへ届けることを可能にしている。

　閲覧権限の制限は上記のデータ項目や計算されたアウトプットのマスキングだけでなく、アクセス可能な母集団の設計も重要になる。アクセス可能な母集団設計は、一般的なBIツール（ビジネス・インテリジェンス：Business Intelligenceの意。企業に蓄積された大量のデータを集めて分析し、迅速な意思決定を助けるためのツール）では困難を極める。

　たとえば、A事業部長にとって意味のあるデータの母集団は、A事業

部長の配下に紐づくメンバーのデータだけで、他の事業部長傘下のメンバーのデータが混じっていると有用性は低下する。ところが、組織が流動的なものである以上、配置転換・兼務発令・部門の統廃合・退職などといった組織変更イベントが頻発するため、組織の階層構造をリアルタイムで正確に把握し、アクセス可能な母集団へ再設定を行うことを要する。このような作業を、人力でエクセルや、一般的なBIツールで管理することは非常に負荷のかかる作業になる。

　現場にしっかりと定着・活用されるデータの可視化を行うためには、各ユーザーにとって関係のある母集団のデータがデータガバナンスに添いながら、しかるべき閲覧設定でわかりやすくインサイトにつながるようにタイムリーに届けられることが条件となる。これは、言うは易し、ではあるが、現実にできている企業はまだまだ少ない。

　ここまで、データの収集、統合・クレンジング、蓄積、可視化の4点において、課題と解決手段について触れてきた。クラウド情報基盤をこれから構築するならば、上記（1）〜（4）すべての問題を解決するものを選ぶのがよいだろう。人事データのアナリティクス基盤を現場の負荷が少なく確実に行えるプロダクトは、実はまだ世界的にも少ない。海外ではVisier、OneModelなどの製品が先行して展開されている。日本国内ではパナリット（Panalyt）などが該当する。

　時間と人員を割いてでも自前構築する場合は、完全に自前開発する選択肢意外にも、データETLツール、データウェアハウス、BIツールをそれぞれ導入して駆使する選択肢もありうる。その場合は、業界的に平均して9カ月程度の開発期間とかなりのコストを要するが、それでも今後会社の成長戦略の一環として人的資本経営を真剣に進めていくうえでは、十分に投資の価値のある分野といえるかもしれない。

　こうした投資によって、人的資本KPIの成果と課題について、経営

者・人事・現場が共通言語に基づいて徹底的に議論する土台がようやく生まれる。人的資本経営に取り組むため、人事クラウド情報基盤をセットアップした株式会社ミクシィの場合、従来であれば、ある人事課題が表面化してから（その規模や影響範囲の把握に）データ収集をしようにも1カ月以上要していたところ、導入後はそのスピードが10秒に縮まったという報告がある（出所：https://panalyt.jp/case/mixi/）。

　検証したい組織課題が即座にデータで議論できるようになることで、経営が人事について数字で把握・議論する文化が生まれ、それにより「思いつき」や「経験に頼った直感」に惑わされない、良質な人事意思決定が可能になったという。

■ 中長期的に期待できる効果と人事データ活用の発展

　KGI/KPIの可視化に対して、これを定常的に精度・鮮度高く実現するにはデータ基盤への先行投資が必要となる点は前節で述べたとおりであるが、データ活用の真価という観点ではKGI/KPIの可視化は登山の一合目にすぎない。データ活用の最終的なゴールはより良い意思決定を促すことにある、と筆者は考えている。

　KGI/KPIの可視化は、客観的な現状把握であるが、その先にはリスクやチャンスなどの将来予測、さらには実現可能性の高い施策・打ち手までも、データ活用を通じて実現できるのである。これらを3つのステージに分解したのが**図表6-3**である。

　このステージは基本的に積み上がっていくべきもので、先のステージを迂回して一足飛びにAIを活用した意思決定の自動化や予測機能に飛びつくことを助長するようなシステム・サービス・ITベンダーが散見されるが、これはデータ活用の真価を脅かすだけでなく、意図しない誤った意思決定を誘発する非常に危険な傾向であると筆者らは考える。その理由とともに、01～03それぞれのステージで期待される効果、必

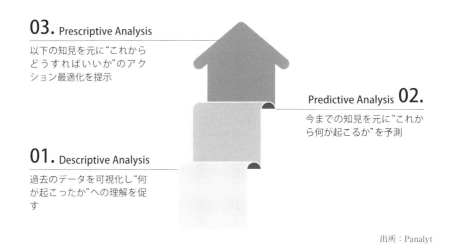

03. Prescriptive Analysis

以下の知見を元に"これから どうすればいいか"のアクション最適化を提示

Predictive Analysis **02.**

今までの知見を元に"これから何が起こるか"を予測

01. Descriptive Analysis

過去のデータを可視化し"何が起こったか"への理解を促す

出所：Panalyt

要なケイパビリティ、注意点について考察していきたい。

01. Descriptive Analysis（"What happened?"）/四則演算

人的資本経営の最も基本的な部分は、まずDescriptive Analysis（現状把握分析）によって「過去から現在にかけて、何が起こったか」をしっかりとデータで把握することである。繰り返しになるが、KGI/KPIをタイムリーに正確に可視化することで、思い込みとは異なる事実を発見し、それを経営・人事・現場の共通言語として認識・議論することで、組織全体としてより良い意思決定の実現を期待できる。

そこに関わるデータインフラ投資の必要性はすでに述べたとおりであるが、実はデータ分析という観点では、四則演算レベル（足し算・引き算・掛け算・割り算）でほぼすべてのKGI/KPIは集計・可視化できると言っても過言ではない。

　たとえば、ある時点での「女性管理職比率」を算出したい場合は、ある時点での従業員データから役職が管理職に該当する人数を絞り込み（A）、さらにそのうち性別が女性である人数を特定し（B）、最後に（B）÷（A）を行えば算出できる。

　一見簡単に思えるかもしれないが、多くの企業は人事データがすぐにアクセス／集計できる状態になっていないので、このような指標1つを取っても即答できる企業は案外少ないものである。

　さらに、良質な意思決定へと活かすためには、それぞれの指標をさまざまな角度から視点を変えて捉えなくてはならない。上記の例で言うと、

- 女性管理職比率は2年前と比べてどれくらい改善したか？
- 部門によってどのくらい差があるのか？
- 過去1年の新規管理職登用において、男女の割合に変化はあるか？
- 入社経路が新卒か中途かによって、女性の管理職への昇格率に差はあるか？

などの観点が想定される。

　正しく現状を把握することはすべての分析の基礎といえるが、このステップすら達成できていないうちから先を目指しても、分析担当者のスキル的にも、それを受け取る現場の文化情勢や準備度的にも、定着が難しいだろうと想定される。

02. Predictive Analysis（"Why did this happen?", "What might happen in future?"）統計分析／未来予測

　いつでも欲しい人事情報を必要なときに引き出せ、あらゆる仮説をデータで検証できるベースラインが整うと、次にそのデータを用いて過去データから多変量解析を行い、相関関係の高い要素を特定することができる。ただし、相関関係が因果関係とはかぎらないし、交絡要因もありうるので、仮説思考や現場のコンテキストを理解した解釈を伴い、総

合的に結果を判断するデータリテラシーが見る側にも必要になる。

　シナリオやモデルに基づいて、5〜10年後のデモグラフィックデータや新陳代謝（従業員の出入り）を予測することもできる。たとえば、メールやチャットなどのツールから取得できるコミュニケーションデータを扱うネットワーク分析（Organizational network analysis）を用いることで、従業員のエンゲージメント低下や退職の予兆を、そのアウトプットが現れる数カ月も前から特定することもできる。

　人事分野の未来予測の分析は非常に有用性が期待されており、たとえば低離職率を誇る企業が、10年後の会社のデモグラフィックをシミュレーションすることで、組織の大部分が定年間近のシニアメンバーになってしまうということなども予想できる。さらにデータを組み合わせることで、それらのシニア従業員の現時点で持つスキルセットが、これから先に事業の主軸として伸ばしていく方針の事業領域に合っていないということもわかるかもしれない。そうなると、一見良い指標である低い離職率も、組織のスキルやタレントの新陳代謝を適切に促せていないという観点では将来のリスクを内包していることがわかる。

　ただし、未来予測の分析の良いところは、今から準備猶予があるということでもある。将来の主軸事業領域に従業員のスキルがマッチしないことがわかれば、今のうちから徐々にリスキリングを行うというようなアクションを取ることで、悪い未来像を変えていくこともできる。

03. Prescriptive Analysis（"what should we do next?"）処方分析/レコメンド

　前項の延長でもあるが、将来何が起こりうるかを予想するのがPredictive Analysisだとすると、Prescriptiveはどう未来の状況をより良くできるかを考える分析になる。たとえば、カスタマーサポートの職種として入社して90日が経過した従業員が、月次の顧客サーベイで満

足度50％を切ったらトレーニングのレコメンドを自動で行う、なども
これにあたる。

　機械学習やAIを用いたアプローチも多く、また期待できる部分も多
いが、反面失敗例も少なくない。いずれにしても、活用方法をさまざま
なステークホルダーがよくよく考慮してから、慎重に進めるべきである。

AIによる採用で結果を違えたX社とY社

　海外先進IT企業2社が、AIを用いた履歴書スクリーニングの開発・
実用化に取りかかった例を紹介しよう。2社はどちらも成長盛りのテッ
ク企業なので採用応募者数は膨大であり、人事担当はこれだけの量の履
歴書を目視でスクリーニングし、その中から各職種に適正のある候補者
を選抜するというプロセスに限界を感じ、「AIによって機械的に履歴書
をふるいにかける」取組みに着眼した。幸いにしてどちらの企業も大量
の応募データが複数年分あったため、1社単体でも十分な教師データが
揃っている。これを取り込み、人間の採用担当と同じように履歴書のス
クリーニングをさせることができたら、どんなに採用プロセスが効率化
されることか。AIによる採用プロセスの効率化は多くの企業の夢とも
いえた。

　だが、このほぼ同時にAIスクリーニングに取り組み始めた2社の、
その後の経路は大きく異なる。

　X社はAI履歴書スクリーニングをリリースし、同社の候補者を、そ
の後の面接に呼ぶべきかどうか5点満点の軸で機械的に評価し、選別。
ところが約2年後、特定の技術職種で女性候補者に不利な判断がされて
いるとの懸念が持たれたため、突如AIスクリーニングを廃止すること
になった。過去の応募者のほとんどが男性だったため、コンピューター
モデルに過去10年間分の履歴書のパターンを学習させた際、システム

が男性を示す名前や表現を候補者として好ましいと認識してしまったのだ。

　対してＹ社は、同様のシステムを開発したものの、当初からＡＩが人間のバイアスをそのまま取り込んでしまう可能性を懸念し、初期スクリーニングではないところにシステムを応用した。一度人間の採用担当がＮＧの判断を下した候補者プールにＡＩスクリーニングをかけ、過去のデータから適性が高いと思える候補者を蘇らせる"取りこぼし防止策"を行ったのだ。

　このＡＩを使った取りこぼし防止策によって、結果として多数の追加の開発職内定者を獲得することに成功した。

　この２社の例だけでも、人事領域において人間の判断だけではいかにミスが多く発生しているかが窺え、同時に、機械とうまく連携すれば多くの効果が生み出せる期待も寄せられる。

　人間のバイアスがかかった判断を教師データとしている以上、ＡＩから完全にバイアスをなくすことは当面難しいかもしれない。しかし、ＡＩの欠陥を理解したうえで、人間の力が及ばない部分を補うような有効活用が進めば、人事部の非効率は格段に改善するともいえ、今後さらなる注目がされるであろう。

■ クラウド情報基盤への投資：実践プロセス

　前節まで、人的資本経営を推進していくうえでは新たにクラウド情報基盤への投資が必要となる点と、そこで蓄積されたデータからさらに活用していくことで人的資本に関わる意思決定が進化する点に触れた。

　本節では、どのようなことに留意しながらクラウド情報基盤への投資を検討・推進していくべきか、セットアップステージ（準備期間）と継続進化ステージ（実践期間）に分けてロードマップを示していく。

（1）セットアップステージ

実際にクラウド情報基盤への投資や開発を検討する前に、

①そもそも必要な人的資本データが正しく取得できている体制にあるのか（データ品質のデューデリジェンス）

②経営戦略と連動した人的資本KPIが関係各署間で定義・合意されているか

を確認する必要がある。

また検討の関与主体としては、人事部門や情報システム部門が単独で行うのではなく、人的資本経営に関わるあらゆるステークホルダー（経営、経営企画、財務、人事、事業部、情報システム）を巻き込んで行うことを強く推奨する。

①に関しては先述したとおり、"Garbage in, garbage out"（ゴミデータを分析してもゴミ分析しか生まれない）のリスクを回避するためにも必要不可欠である。とくに、労務管理や業務フローにおいて属人性が高く、データ入力に関してのルールが整備されていないような場合、本来必要となるデータ項目自体がそもそも取得されていなかったり、入力規則がバラバラでまちまちになりやすい。もしそのような場合は、クラウド情報基盤への投資と併せて、定型業務の標準化とデータ品質を担保するためのHRシステムの導入も検討すべきである。

②に関しては、「人材版伊藤レポート2.0」等でも言及されているとおり、経営戦略と連動した人的資本経営が鉄則である。ISO 30414等ではさまざまな指標が紹介されているが、政府や投資家などのステークホルダーから具体的に開示を義務付けられた指標以外にも、自社の経営戦略に照らした際にどのような人的資本KPIをモニタリングするべきかを、あらかじめ検討すべきである。ただし経営戦略の変更や進化に伴って、人的資本KPIを柔軟に入れ替えるべきケースもあるだろう。

これらのデューデリジェンスが完了したら、クラウド情報基盤への投資や開発の検討フェーズに移行する。人事データのクレンジングや蓄積に長けた専門人材や、人的資本KPIやデータから導かれる示唆を経営や事業現場に対して働きかけられるような人材・体制が、社内で恒常的に確保できる見通しがあれば、自社でシステム開発する方針も選択できるだろう。そうでない場合は、外部のクラウド情報基盤への投資およびデータ連携を行う方針を推奨したい。

（2）継続進化ステージ

　政府や投資家などの外部ステークホルダーから要請された指標を羅列することだけをゴールにしていては、真の人的資本経営を実践しているとは言い難い。まずは社内で人的資本KPIマネジメントを実践する体制を構築し、そのうえで必要な部分を戦略的に取捨選択し、経営戦略と連動した形で「開示」するという順序で実践することが本質的に求められている。

　人的資本KPIは一度可視化をして終わりではない。数字の変化を定点観測するだけでなく、何によってその変化が生じたかの仮説の特定と検証や、それが計画や想定と異なる場合はどのようにして改善するかのアクションプランを、議論・策定する体制と習慣を構築していくことが肝要である。

　また、経営戦略が変化・進化した場合や、KPIの可視化に伴って新たな組織・人事課題が明らかになった場合は、別のKPIを新たに設定する必要があるだろう。

　こうしたPDCAサイクル（計画・実行・評価・改善）には完成形のない終わりなき旅であるため、セットアップステージのうちデータ品質のデューデリジェンスが完了したら、すぐに着手すべきである。

本節のまとめ

　本節では、人的資本経営の実践において要となるクラウド基盤投資の必要性と、「開示」という手段を目的化しないためのプロセスについて説明した。

　データ品質のデューデリジェンスや、人的資本KPIマネジメントに適した体制構築は、一朝一夕に進められるものではないが、人的資本経営の先にある競争力の強化や企業価値向上を見据え、本気の先行投資を惜しまずに推進してほしいと思う。

あなたの会社の現場主義は"本物"ですか？

現場へのエンパワーメントとIT情報武装の重要性

　外的環境の変化スピードが加速化している現在において「現場へのエンパワーメント」、即ち裁量の幅を現場に大きく与えて「変化対応力」をいかに向上させるか、が競合との勝負の分水嶺になっている。その「変化対応力」は、自立、自律、自走できる従業員を増やすマネジメントシステムと、最新のHRテクノロジーを搭載したシステム活用による情報武装を組み合わせ、相乗的に強化することができる。

　現場へのエンパワーメントを進めることには次の2つの効用がある。

①従業員のエンゲージメントレベルの向上

　裁量の幅が増え、仕事への自由度が増す環境下では、従業員は自律的に走り始めることが多い。

②自立した現場同士で協力し合う組織文化の醸成

　リスクの回避が可能になる。

　一方、現場へのエンパワーメントを阻んでしまうのが、日本企業のレガシーシステムである。データドリブンな人的資本経営実現の足を引っ張っていると言っても過言ではない。レガシーシステムは、

・人的資本データの自動収集が難しく、かつ分散処理されているため、データを可視化するための膨大な工数が発生する

・ビジネスプロセス変更に柔軟に対応できない

・最新テクノロジーを利用することが難しい

等の課題が存在する。

このようなレガシーシステムの抱える課題を克服するためには、人的資本の情報基盤を自社で保有し運用するオンプレミス環境からクラウド環境へ移行することが必須である。そして、クラウド上に、「自然に」「意識することなく」人的資本データが集まる仕組みを考える必要がある。

例えば、レガシーシステム運用時代には紙で情報を集めて、人事部門が各種データをパンチ入力する方法が主流であった。しかし現在では、スマートフォン上で従業員個人が自らのスマホ上で人事管理上の重要データを自分で入力できるサービスが多数存在している。特に、従業員個人に紐付くセンシティブな情報（例：保有スキル、経歴、キャリア希望）は、むしろ従業員個人が直接システムに入力するほうが情報セキュリティ管理の観点からも望ましい。

人的資本領域の世界の最先端ソリューションとは

データ活用には、以下の４つの進化ステージがある。

ステージ４：Prescriptive（レコメンド）

ステージ３：Predictive（将来予測）

ステージ２：Descriptive（可視化）

ステージ１：Diagnostic（診断）

この４段階のうち、上位２ステージ（ステージ４：レコメンド、ステージ３：将来予測）と、下位２ステージ（ステージ２：可視化ステージ１：診断）では、ビジネスインパクトが大きく違ってくる。つまり、下位２ステージにおいては、課題の可視化とデータ分析結果への解釈を加えることができるが、解決策の立案自体は"人間"

が行うことになる。

　一方、上位2ステージは将来への（確度の高い）見通しを示してくれ、解決策までレコメンドしてくれる。要するに、両者の違いは、ビジネス課題が解決できるかどうか、の違いなのである。

　最先端の人的資本経営（HCM）クラウドであるワークデイ上では、多くのグローバル企業が上位2ステージの機能を使いながら、ビジネスインパクト創出につなげている。

事例紹介：楽天株式会社
・情報武装前に抱えていた課題のありか
　楽天株式会社は採用、育成と定着化、そしてシステムに深刻な人事課題を抱えていた。

- ・採用：ビジネスニーズに基づく要員計画が明確化できておらず、採用すべき人物像の不一致が生じ、適切な人材を、適切な時期に採用できずにいた。
- ・育成：長期的人財育成計画が不十分なため、人材育成が進まず、離職率が高まっていた。
- ・システム：国内外で業容が急速に拡大したため、既存の子会社や新たにグループ入りをした会社が独自に異なるシステムを整備していた。そのため、人事情報が分散し、データ品質、範囲、鮮度いずれも満足できるものではなかった。その結果、人事関連のデータ整備にかかる負荷が高く、意思決定やマネジメントに十分なデータ提供ができずにいた。

・クラウド環境へ移行し、人的資本経営レベルを上げた

　1）グローバルでの人事データの一元化

　人事マスターのグローバルでの一元化が実現できたことにより、人事情報の重複入力がなくなり、データの正確性、鮮度が上がった。

　2）ジョブディスクリプションの統一による人材採用と配置の最適化

　移行以前は、詳細な人事要件、すなわちジョブディスクリプションを定義せずに、採用、人材配置を行っており、これが採用のミスマッチや人材流出にもつながっていた。移行後は、必要な人材のニーズを明確にした上で採用プロセスを進め、適切な人材を採用できるようになった。

　一方、幹部職のジョブディスクリプションを作成し、スキル、能力をグローバルで標準化することでグローバルな人材配置が可能になった。

　また、空きポジションを公開し、外部から新規採用する前に、社内の異動希望者を募り、社内転職を促進するような取り組みを実施した。

・自律的な組織マネジメント

　従前には人事部が人事情報を入力していたが、クラウド環境への移行後は自分自身が入力する運用スタイルに変化した。従業員は、自らデータを入力し、キャリアプランを登録でき、キャリアパスを構築しやすくなった。

　また、マネージャーも、チームマネジメントにおける人材育成管理が効率的になった。すなわち、人事データを基に上司が部下の

キャリアを一緒に考える1to1ミーティング、従業員がキャリアプランの自己申告ができる仕組みを導入した。

　こうした仕組みを活かしながら、事業部ごとに自律的な組織マネジメントが実現できつつある。

コラム執筆：**宇田川 博文**（うだがわ ひろふみ）
ワークデイ株式会社 プリンシパル・カスタマーサクセスマネージャ。2014 年2 月から Workday, Inc. で、日本における Workday HCM 製品の戦略、マーケティング及びデリバリーの責任者を務め、現在はサービス部門でカスタマーサクセスマネジメントを担当。東京大学博士課程在学中に経営に参画したソフトウェア会社を米国企業に売却したことをきっかけに1997 年に渡米。1998 年に米国 PeopleSoft 入社。HCM 製品の国際化の開発責任者を務め、世界約 20 カ国の HCM 製品開発部門を統括した。東京大学 工学部 情報工学科 博士課程修了。九州芸術工科大学 芸術工学部（現 九州大学 芸術工学部）情報工学科 工学修士号取得。

3　データドリブン人的資本経営の実践

■ スキルの可視化とHRテクノロジー

人的資本の重要性が叫ばれるなか、社内人材のスキルデータの可視化が広がってきているとする報道も目にするようになった。しかしながら、人材データの整備は社内システムなどの問題からまだ十分に進んでいない企業のほうが多数を占めるのが現状だろう。

だからこそ「人的資本開示」を進めるにあたっては、これらのデータを物理的あるいは仮想的に統合していくことで「情報の掛け合わせ」を行い、そこから得られた示唆（インサイト）を人材配置や人材育成、キャリア計画や後継者計画のために活用していく必要がある。これにより、真の意味での人材の流動化も促進できる。

こうした仕組みを構築するには、タレントマネジメントシステムやBI、ダッシュボードツールなどが有効だが、これらを導入すれば簡単にスキルの可視化ができるわけではないことに注意が必要だ。

スキルの可視化の重要性については、「人材版伊藤レポート2.0」でも次のように言及されている。

- スキルギャップを埋めることや「リスキル」の重要性
- 従業員の保有スキルに関する情報整備の重要性
- 将来的に必要となる人材要件の定義の重要性
- D&Iの実現に向けて必要なスキルの養成の必要性
- 従業員自身が自ら保有するスキルを理解することの重要性
- 組織として不足しているスキルの特定の必要性

ただし、これらを実践する方法についての具体策は提示されていない。この課題を解決するのが近年研究が進み、実際に働く現場で実績を上げ

てきているHRテクノロジーの活用である。データ化した人事情報をもとに「この人は今このスキルが足りずにギャップがあるため、希望するポジションに就くことは難しい。しかし、そのスキルギャップを解消するために最適な研修メニューがある」といった具合に、個別化（パーソナライズ）された提案を行っていく。

　すなわち、一人ひとりに対して、適材適所を促進するためのレコメンデーションを実現していく、ということであり、これこそがHRテクノロジーの最大の活用ポイントといえる。

　「次に異動する先が社内にあるとしたら、どこがどういう理由で向いているのか」を、AIが分析してチャットボットの仕組みで教えてくれることも可能になるが、テクノロジーによって、自分がフィットするジョブやポジションをデータをもとに提案してくれることにより、（とくにデジタルネイティブな若手層にとっては）納得のいく適材適所が実現される。これによって埋もれていた人材が急に活躍できるようになることも期待できるが、そうなれば人材流動化の促進のみならず従業員体験の向上、エンゲージメントの向上、離職の低減という副産物もついてくる。

　だからこそ、キャリアステップに関して根拠を提示することが重要である。たとえば、マーケティングの部署に配属された人がマーケティング畑でそのまま出世していくことがその人にとって最善なのかといえば、一概にはそうだとはいえない。マーケティング部長になり、マーケティング担当役員になる、といったような一方通行の上に上がるだけのハシゴのイメージは、最近では悪い意味で（狭くて息苦しい）キャリアラダーだと捉えられる。

　そこで今、人事がやるべきことは、キャリアマップを可能なかぎり広げ、個々人にCareer GPSを持たせ、あくまでもその本人にとっての成長につながり、かつ、「持続可能な働き方」（Sustainable Performance）を実現するための新しいポジションを提示することである。たとえば、

「マーケティングで培ったスキル・コンピテンシーの3割は共通して活かせるから、思い切って製品開発をやってみないか」といったような「横方向への異動」（ビジネスファンクションを横断する形の異動）をも含めて広く機会（オポチュニティ）を提示できると、流動化の促進のみならず従業員体験の向上、エンゲージメントの向上、離職の低減にもつながっていく。

　そこでさらに重要なのは、「人事だけが人事データを持っていてはいけない」ということである。もちろん、センシティブな情報も多くあるため、すべてをオープンにすることは難しいだろう。ただ、キャリアに関するデータや、保有スキルに関するデータは、人事だけが持っているべきではない。

　「データの民主化」という表現もできるが、本来は従業員から取得したデータは元々従業員のものであるはずである。入社時に提出した情報や、入社後に受けたアセスメントやサーベイの結果などは人事が吸い上げたままにせず、従業員にも還元したり共有していくべきである。自分に関するデータ（とくに、特性や強みに関するデータ）がないと、「キャリアの地図」を自分なりに描くことができなくなる。

　また、「どの部署の誰がどのような経歴でどのような保有スキルがあるのか」という情報がオープンになっていれば、困ったときに誰に聞けばよいのかがわかり、効率よく仕事を進めることができるようにもなる。人的資本開示の観点からは、「生産性の向上」にも直結する話である。

　そして、以上のような取組みは次から説明する人材育成や後継者計画にも大きく関係してくる。

■ 人材育成・後継者計画への人事データ活用

　内閣官房が人的資本の開示情報の指針を策定するにあたり、投資家に伝えるべき情報を19項目に分けて整理しているなかで最も重要なのが

「後継者計画」ではないだろうか。投資先企業としての持続可能性は適格な後継者なくして語れないからだ。

　後継者計画をしっかりとやることにより、リーダーシップ、育成、スキル、エンゲージメント、採用、人材維持といった他の項目にも直接的に良い効果をもたらす。

　なお、ここで求められる後継者計画とは、スキル・コンピテンシーをベースの尺度としたジョブ定義、ポジション定義を行ったうえで「後継者」と目される人材の保有スキル・コンピテンシーも見える化してギャップを把握し、そのギャップを計画的に埋めていくことである。

　「後継者計画」というと、上位層あるいはクリティカル・ポジションについてのみ特別に行うものとされることが多いが、実際にはすべてのポジションや人材を対象に行うことにより、真の「人材育成」につながる。では、具体的にどのように進めればよいのか。

　これは、人材の流動化の実現について触れたことと合わせて、「共通のモノサシ」としてのジョブ定義・スキル定義が必要である。これらが明確になっていないと、いくら優秀なAIが組み込まれたHRテクノロジーが導入されていたとしてもそれを十分には活用できない。たとえば、企業内には人事、営業、マーケティング、開発、広報などの部門や組織が設置され、それぞれ業務内容の定義は決まっている。ただほとんどの場合、任務・職責をそれぞれ別の観点で複数個、そしてそれらの任務・職責を遂行、全うするうえで必要となるスキルを相当数、といったようなきめ細かな定義まではなされていない。全般的に曖昧で、かつ、「その人に応じた仕事内容」の表現になってしまっている。これが多くの日本企業の実態ではないだろうか。

　ただ、採用（主にキャリア採用）の際には「職務定義書」（ジョブ・ディスクリプション）として、ある程度は細かく定義しているケースもある。

　これを活用して、求人票に記載されている人材要件をさらにブラッシュアップし、面接時の基準（あるいは質問集）とすることも可能であるし、これを「共通のモノサシ」として機能させれば、たとえばチャットボットが「あなたはこの研修・講義を受けるべき」と、レコメンドをするときの基準にも使えるようになる。人事考課の際の基準にも利用でき、後継者探索の基準にも活用できよう。

■ ジョブ定義、スキル・コンピテンシー定義の実施手順

　では、ジョブ定義、スキル・コンピテンシー定義は具体的にどのように行っていけばよいのだろう。

　筆者（株式会社SP総研）が支援している企業の中から2社を例に、具体的なステップを紹介する。はじめに、その2社の取組み事例に共有の要素から説明していく。

　日本企業においてジョブ定義、スキル・コンピテンシー定義を進めるにあたり最も重要なことは、組織主導・人事主導で進めるのではなく、現場主導で進めることである。もちろん、マネジメントのサポートも必要であるし、人事部門が取組みをリードすることは重要である。しかしながら、組織主導・人事主導で、現場を巻き込むことなしに「究極の理想像」を表現したようなジョブ定義をしてしまい、これを現場に押し付けるようなことだけは絶対に避ける。ましてや、「世界標準のジョブライブラリー」を外から購入してきて、これを安易に自社に当てはめるような手法は近道のようで結果的に遠回りとなる。

　そこで、次のようなステップで進めることを推奨する。ちなみに、ここで最も強調したいのが、HRテクノロジー、人事ソリューションの選定がステップの一番最後に置かれているということだ。

　Step 1 ：一番初めの「具体的活用シーン」を描く

Step 2：ジョブ定義ワークショップに参加するメンバーを選定する

Step 3：ワークショップの「実施単位」（すなわちこれは、ジョブ定義書の作成単位）を決定する

Step 4：ワークショップ形式でジョブ定義書を作成する

Step 5：「具体的活用シーン」にて実際にジョブ定義書を活用する

Step 6：他の領域への転用を検討する

Step 7：他の領域での使用に耐えられるよう、ジョブ定義書をブラッシュアップする

Step 8：自社に適したHRテクノロジー、人事ソリューションを選定する

　最後に、Step1～8の取組みすべてについて、ナラティブな表現にて「人的資本開示」のレポートに記載する。うまくいった点、反省点、改善点、今後に向けての具体的アクションプラン等、それぞれにつき、可能なかぎり定量的な目標数値も掲げながら記載することができれば、外部の投資家のみならず、社内の従業員まで含めたすべてのステークホルダーに向けてインパクトのある「人的資本開示」となろう。

　企業価値向上、持続可能性のアピール、人材惹きつけ力アップ、エンゲージメントの向上等において良い影響が期待できる。

　以下からは2社の取組み事例をそれぞれ上記のStepのプロセスで紹介していく。

■ 事例1：パナソニック インダストリー株式会社（グローバル系製造業）

ステップ1：具体的活用シーン

　グループとしての枠組みが変わり、ホールディング体制となるなかで、新会社発足にあたり、改めて「人財資産」を中核に据え、一人ひとりが

主役の会社の実現を表明することとなった。それにあたり、ありたい人、組織、文化づくりに向けた「新 人事制度（人財マネジメントシステム）」構築のための一大プロジェクトをスタートさせる。その取組みの第一弾として、異動や昇格についてこれまでの社命中心のものから、「社内公募制度」を中心とした自己発意型に大きく軸足を転換することとなった。その具現化のため、社内のキーポジションすべてについて精緻なジョブ定義を行うこととした。

ステップ２：ジョブ定義WSメンバーの選定

対象は部課長クラス以上のポストで、総数はおよそ1,000名。

ステップ３：WSの実施単位の決定

定義するジョブ数はかなりの数にのぼるため、ワークショップの実施総数を現実的に計画する必要があった。そこで、「事業場長」「所長」などの上級職については現任担当者1人に対してワークショップを実施（1人分のジョブ定義書を1つ作成）することとし、部長職および課長職については同一事業や職種の観点で、3～5名程度（最大で6名）を1グループとしてまとめ、そのグループ単位でワークショップを実施（3～5名の単位で1つのジョブ定義書を作成）することとする。

ステップ４：WS形式でのジョブ定義書の作成

選定されたメンバーがもれなく参加し、1グループ全5時間3日間にわたるワークショップをオンライン形式（zoom）にて実施、最終日にジョブ定義書を完成させる。6カ月にわたるプロジェクト期間に190のワークショップが行われた。このとき、ジョブ定義書作成に必要なスキルの洗い出しにおいては、社内視点と併せて市場視点を意識し、外部のスキルライブラリー[1]を活用した。

ステップ5：「具体的活用シーン」に適用させたジョブ定義書の活用

　作成されたジョブ定義書は社内で公開し、採用、育成、配置、評価の基軸となるものとして位置付ける。そのため、部課長についても最終的には1ポジションごとに展開。ワークショップに参加したメンバーからのヒアリングも行いながら、内容の調整を行い、ポジションごとへのアライメントを行う。そのうえで、まずは「社内公募制度」における「社内人材登用基準」として活用し、今後順次適用していく。

ステップ6：他の領域での活用の検討

このとき、以下のようなことが候補にあがった。

- 役割期待に照らした目標設定を促すための基盤として活用するとともに、それにより役割と成果に応じた評価、処遇につなげる
- 「1on1」におけるメンバーのスキル向上やキャリア自律支援のための会話の基盤として活用
- 「後継者計画」のための基準とし、次世代人材の育成のための指針として活用
- キャリア採用における募集要項として活用

ステップ7：ジョブ定義書のブラッシュアップ

　ジョブごとにリストアップされた30〜40の「スキル」はそれぞれ4段階のレベル設定がなされたが、そのレベルに応じた「具体的行動特性」を記述することになった。これにより、「この2年間は、あるスキル・コンピテンシーのレベル2を求められてきたが、1ランク上のポジションに上がるためにはレベル3に記載の行動が求められる」といったように上位レベルに上がるための行動ベースでの目標設定やアクション

---

[1] entomo（シンガポール発のソリューション／ https://entomo.co/jp/solutions/careers-tomorrow/）

プランの策定がしやすくなった。さらに、それぞれのスキルの充足度を客観的に確認するためのレベルごとの「質問集」の追加のほか、現場主導で作成したジョブ定義書が組織の方針や人事戦略とアライン（調整作業）させることが検討された。

ステップ８：HRテクノロジーやHRソリューションの選定
　現時点では以下のようなことを視野に入れた検討がなされ、必要に応じてそれぞれに強みを持つ具体的ソリューション、製品の選定を慎重に行うこととなった。

- 部門や職種ごとに、どのようなスキルを保有する傾向にあるか、を分析してダッシュボード上で可視化する
- ジョブやそれに紐づくスキルの情報を専用の管理ツール上で管理し、メンテナンスしやすくする
- 必要な人材の検索をスキルベースで行いやすくする

　今後、既存システムに蓄積されている人材データとの関連付け等を行い、より効果的な活用や「人的資本開示」にも活用する。
　なお、このときは課長以上が対象だったが、今後はより広い階層への展開も継続して行うことが予定されている。

■ 事例２：K社（グローバル系農機メーカー）

ステップ１：具体的活用シーン
　農機の製造現場におけるスキル習得を効率的に行うためにかねてよりSumTotalというLMS（学習管理システム）を活用してきたが、ラーニングのあり方をさらに高度化、個別化するとともにタレントマネジメントの世界にもシームレスにつないでいくためのプロジェクトが進行していた。そのための土台作りとして、チーム内の代表的な「職種」を２つ

設定してこれらについて精緻なジョブ定義を行うことを決定した。

ステップ2：ジョブ定義WSメンバーの選定
代表的な職種それぞれについて現任者を5〜6名ずつ選抜。

ステップ3：WSの実施単位の決定
1グループ5〜6名程度の単位でワークショップを2回実施し、このグループごとにジョブ定義書を作成することにした。

ステップ4：WS形式でのジョブ定義書の作成
メンバー全員の参加により、全5時間（1回あたり1時間×5日間）のワークショップをオンライン形式（zoom）で実施し、最終回にジョブ定義書を完成させた。

ステップ5：「具体的活用シーン」に適用させたジョブ定義書の活用
各メンバーの保有スキルとそのジョブ（職種）で求められるスキルのギャップを可視化し、そのギャップを埋めるために最適なラーニングメニューがSumTotal上でレコメンドされるようにデータを設定し、ラーニングコンテンツとスキルとのマッピング作業も行い運用していくことにした。

ステップ6：他の領域での活用の検討
このとき、以下のことが検討された。
- 「1on1」におけるメンバーのキャリア自律支援のための会話の基盤として活用
- 「後継者計画」のための基準とし、次世代人材の育成のための指針として活用

・採用基準、社内人材登用基準としても活用

ステップ 7：ジョブ定義書のブラッシュアップ

ジョブごとにリストアップされた 30 ～ 40 の「スキル」はそれぞれ 4 段階のレベル設定がなされたが、そのレベルに応じた「具体的行動特性」を記述することになった。これにより、上位レベルに上がるための行動ベースでの目標設定やアクションプランの策定がしやすくなった。また、採用基準としての活用も想定。さらに、それぞれのスキルの充足度を客観的に確認するためのレベルごとの「質問集」の追加が検討された。

ステップ 8：HR テクノロジーや HR ソリューションの選定
このとき、以下が検討された。

・SumTotal という LMS を活用して蓄積されたさまざまなデータを、CoreHR のシステム上に蓄積されたデータとうまく関連付けしながら「人的資本開示」に役立てていく

・すでに全社で導入済みのタレントマネジメントシステムとも連携させ、OKR 型に近い目標管理、真の適材適所の実現、採用の高度化にもつなげていく

・必要な人材の検索をスキルベースで行いやすくする

4 人的資本開示における推奨項目のトレンド

■ 従業員エンゲージメントからエンプロイー・エクスペリエンスの向上へ

　「従業員エンゲージメント」は人的資本開示の推奨項目ともされて日本でも近年取り組む企業が増えている。しかし、北米地域を中心にさらなる従業員エンゲージメントの向上を図るために、2019年頃から「エンプロイー・エクスペリエンス」が新たなトレンドとなってきている。エンプロイー・エクスペリエンスとは、従業員（エンプロイー）を顧客に見立て、一人ひとりが心身が健全で社会的に良好な状態でいる「ウェルビーイング」を体験（エクスペリエンス）できることで自律的に生産性を持続的に上げていく考え方である。これに従い、HRテクノロジーのフォーカスポイントもエンプロイー・エクスペリエンスをはじめとするエクスペリエンス（体験）の向上に移行してきている。

　従業員の幸福度を増幅し、生産性を持続的に向上させるエンプロイー・エクスペリエンスに必要な要素としては、ウェルビーイングに直接的に関連するものとして「健康」「家族」「通勤」「財政面の健全さ」などがあり、関連性は間接的であるが重要なものとして「（仕事上の）価値観」「職責（仕事内容）」「キャリアに対する姿勢」などがある。これ以外にも、ハード面だけでなく心理的安全性などが保たれて働きやすい職場環境に変革する「ワークプレイス・エクスペリエンスの向上」なども不可欠な要素といわれる。

　こうした要素に配慮がなされて、ウェルビーイングが実感できることで持続的なパフォーマンスが発揮できるようになる。HRテクノロジーに精通したリサーチアナリスト、ジョシュ・バーシン氏はこの状態に至るには4つの要素を経るのだと自身のホームページで提言している。

バーシン氏の提言を参考にして、理想的な状態に至る4つの要素において、その主な狙いと具体策を以下にまとめてみた。

（出所：Well-Being Around The World: How HR Departments Are Jumping Into Action：世界におけるウェルビーイングの現状　人事部門はどう取り組んでいるのか https://joshbersin.com/2018/10/well-being-around-the-world-hr-departments-are-jumping-into-action/）

第1の要素［健康管理］
狙い：コスト削減、労働者の生産性向上
具体策：健康管理制度、医療給付、EAP（従業員支援プログラム）
- 従業員の健康状態に問題があれば目標どおりに計画は遂行されない。心身ともに健全であることが無駄なコストを発生させず、生産性向上の基本条件になる。

第2の要素［健康増進］
狙い：リテンション
具体策：エクササイズ、睡眠、ストレス軽減、栄養等のサポート
- 福利厚生的な健康増進の支援策を整え、人材の確保に努める。

第3の要素［ウェルビーイング］
狙い：生産性の向上、協力・協調の促進
具体策：家庭生活、自己発見、キャリア開発、マインドフルネス、満たされた感情、ポジティブ思考、組織への適応等のサポート
- ワークライフバランスが保たれ、心身ともに健康な状態で組織になじみ、自律的に仕事ができる職場環境の整備に努める。なお、ウェルビーイングは個人として充足させたい要素であり、これをチームパフォーマンスやリーダーシップ開発に展開させていくことで持続可能な働き方が実現できるようになる。

第4の要素［持続可能なパフォーマンス］
狙い：チームによる成果とリーダーシップ開発

具体策：リコグニション[1]、活力、スキルトレーニング、職場環境、報酬、リーダーシップ力、マネジメント力、明確なゴール、成長機会等に関するサポート

- 持続可能なパフォーマンスは持続可能な働き方が実現できてこそ発揮することができる。

このうち、キャリア開発、リコグニション、スキルトレーニングの取組み度合いは定量化できることからHRテクノロジーとの相性が良い。たとえば、次のようにソリューションの活用がすでに行われている。

キャリアサポート：自身が保有するスキルの棚卸をサポートして、それらのスキルセットに適したジョブやポジションがよりマッチするかを提示し、そこに至るプロセスが示される。

リコグニション：同僚間あるいは上司部下間それぞれの行動評価を行い、「褒め」のコメントの送信や、褒賞としてバッジやメダル、ポイント等を贈る。

スキルトレーニング：従業員ごとの保有スキルの状態に応じ、きめ細かくパーソナライズされたラーニングメニューのレコメンドを行ったり、受講が完了したラーニングに応じてスキルを付与する。

バーシン氏の提言では、心身の状態が健全であることが充足されることにより、ウェルビーイングがもたらされるとしている。そして、それには次のような施策を考慮することが大事だが、いずれもHRテクノロジーにより評価が可能だ。

①作業時間とパフォーマンスの関連性

---

[1] リコグニションとは、現場の従業員の日常業務はもちろん業務外であっても組織に直接的・間接的に貢献している事柄を見逃さずに賞賛・褒賞すること。「承認」と訳されることが多いが、それよりも広い概念。

②スケジュール管理や出張管理等の優先順位付けのサポート

③管理者教育（の有効化）

　①については、いかにして無駄な作業時間を減らしていくかという課題解決のためにさまざまなHRソリューションに活用できる。これにより、たとえば仕事の内容やそのときの気分に応じて最適な場所で作業効率を上げることにつなげたりできる。また、自分の強みや経験、スキル等をフルに活かせるようなパフォーマンスを発揮しやすい状態、すなわち「ジョブ・マッチ」「ジョブ・フィット」している状態だと判断するには、明確なジョブ定義と従業員側のスキルの棚卸し等が前提となる。

　②については、担当業務を適切に遂行できるように仕事やタスクに優先順位を付け、優先度の高いものから期限内に確実に完了するためのスケジュール管理の支援に資する。次に行うべき具体的アクションの内容をマシンラーニング（ML）の結果に基づいてパーソナライズして生成し、これをナッジの考え方に基づきチャットボットの仕組みで対象者に送信するテクノロジーが機能する。

　③については、曖昧な基準で管理者を選抜するリスクを避けるために、データに基づく科学的な手法によって適格要素（特性）を診断する。そのアセスメント結果から補完すべきスキル等を身につけるためのアクションプランを提示する。

■ エンプロイー・エクスペリエンス向上のための取組み

　では、「エンプロイー・エクスペリエンス」を向上させるためには具体的に何をすればよいのだろうか。

　IBMが2016年に発表した同社の45カ国23,000人超の従業員調査WorkTrends™ 2016 Global for the IBM/Globoforce Employee Experience Indexの結果によると、良い「エンプロー・エクスペリエ

ンス」を導く要素は次のとおりである（影響力が高いもの順）。

①自分のスキルや能力を仕事に活かすことができている（そのうえ、組織のコアバリューと調和している）。

②組織において、自分のスキルを伸ばすための真の機会が与えられている。

③良い仕事をしたことがしっかりと認められている（そのうえ、自分の業績についてフィードバックを受けられている）。

上記の要素は、我が国におけるウェルビーイング領域および幸福学研究の第一人者、前野隆司教授が説く「幸せの4つの因子」にもつながるものだ（出所：https://kikigotae.com/t_maeno/）。

上記①と②は、「第1因子」、すなわち、「夢や目標を持っていて、それを目指す、自己実現と成長の因子」のことであり、③は「第2因子」すなわち「ありがとう因子」のことと捉えられる。

さらに、IBMの調査では、「エンプロイー・エクスペリエンス」の状態が良い上位25％の従業員は、その他75％の従業員と比べて次の3点において優位性が高いことが認められた。

• 離職可能性が低い（その他の従業員の1.52倍）
• より成長する可能性が高い（同1.73倍）
• より高いパフォーマンスを達成する可能性が高い（同1.32倍）

つまり、エンプロイー・エクスペリエンスが充足されていると、従業員のリテンションや成長意欲につながり、それがひいては「業績向上」を果たすことになる事実を示している。

このように、エンプロイー・エクスペリエンスがウェルビーイングな状態をもたらし、企業側が求めるパフォーマンスの向上につながることがデータで実証されてきている。

　人的資本は客観的なデータによる情報開示がカギとなるが、単に企業評価のためのデータにとどまらず、そのデータから人材開発や組織のパフォーマンス向上にも奏功するものである。

　そうした意味からも HR テクノロジーは経営戦略に有効なツールと捉えることができるのである。

5 　戦略的開示の実践アプローチ

■ 対話を通じて開示情報を取捨選択する

　戦略的開示では、まず投資家の関心が高く、かつ自社がアピールした
い取組み内容（以後、「戦略的開示コンテンツ」）について、価値向上や
リスク管理などさまざまな観点から取捨選択する作業を行っていく。

　この場合、社内会議では、人事部門のほか、サステナブル経営推進部
門、IR部門などの関連部署が集まって議論する必要がある。この作業
部会では、決して投資家との接点がない部門スタッフだけで討議を行わ
ないことが大切である。なぜなら、投資家視点を欠いた議論では、正解
に辿り着くのに時間を要して非生産的になりがちになり、そこから出さ
れた意見が必ずしも投資家から高い評価を得るとは限らないからである。

　したがって、戦略的開示コンテンツの取捨選択の場面では、投資家と
の対話を行う経営者、対話に陪席するIR部門担当者の参加は必須であ
る。また、投資家の考え方や関心のありかを知悉している外部有識者や、
人的資本開示専門コンサルタントに参加してもらうのもよい。

　そして、この作業部会で行う戦略的開示コンテンツの取捨選択の議論
においては、「バックキャスティング思考」と「比較可能性」の2つを
より強く意識しておきたい。

　バックキャスティング思考とは、企業の中長期的な業績目標を実現す
るための人的資本経営の取組みについて、なぜその取組みを行うのか、
という理由を押さえながら逆算して考えていく思考法のことである。取
組みを行う理由付けの議論では、

　・自社固有の強みがどこにあるか？

　・それらは将来にわたってさらに強化していけるか？

　・それはどうやって計測可能か？

等が主要な論点となるだろう。

一方、「比較可能性」をなぜ強く意識すべきか、について言えば、投資家は投資先企業同士を常にさまざまな角度から"比較"し検討することを余儀なくされているからである。そのため、議論の席上では、投資家向け対話の場面を想定し、

- 投資家との共通のモノサシとして、どの（比較可能な）測定指標を選定すればよいか？
- その指標によって、自社が競合他社に比べていかに優れているか、をアピールできるか、

を中心に議論を詰めていくことになろう。

以上、この2つはいずれもESG投資家と経営者の対話において、自社の人的資本経営の取組みがどのような形で中長期のスパンで価値創造につながっていくのか、を説明するうえで必要不可欠な要素なのである。

■ 人への投資と競争力のつながりを可視化する

次に行う作業は、人への投資がどのような形でビジネス上の成果につながるか、を明らかにすることである。本項のテーマについては、「人的資本可視化指針」に記載のある"ROIC逆ツリー[1]"が有用であるため、その作り込みのための議論の流れを例示する。

ROICの計算式は、次のとおり。

$$ROIC = \frac{営業利益 \times (1 - 実効税率)}{株主資本 + 有利子負債}$$

出所：野村證券HP 証券用語解説集

---

[1] ROIC（Return On Invested Capital：投下資本利益率）を要素分解して可視化し、人的資本を含む戦略・施策やKPIを紐付けたもの（内閣官房非財務情報可視化研究会「人的資本可視化指針」40ページ参照）

人的投資と企業価値向上のつながり（イメージ）（図表2-9再掲）

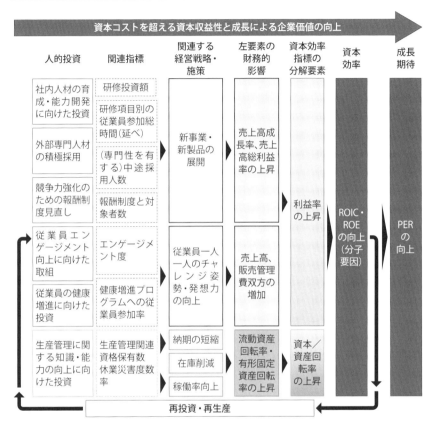

出所：内閣官房非財務情報可視化研究会「人的資本可視化指針」2022年8月、p6を一部抜粋
https://public-comment.e-gov.go.jp/servlet/PcmFileDownload?seqNo=0000240197

　まず、ROICを向上させるには、分子である営業利益率を上げるか、または分母である自己資本と有利子負債を減らすか、の2つの方法がある。

　ここでは、分子の要素を分解してみよう。

①営業利益率を高めるためには、売上を伸ばすか、またはコストを下げるか、のいずれかしかない

↓

↓売上面を伸ばすためには…？

↓

②売上増のためには、**新製品の開発**がカギを握る

↓

↓売上増が期待できる新製品を生み出すためには…?

↓

③市場ニーズを敏感に察知する感度の高さ、技術への深い理解とイノベーティブな思考と行動を兼備した優秀人材が必要

↓

↓イノベーティブな優秀人材を確保・育成するには？

↓

④打ち手：人への投資を、対前年比で○○倍増やす

（例）高い報酬と教育制度の充実、ダイバーシティ推進、 優秀人材の採用手法の磨き上げ、充実した福利厚生

　次に、上述した「人への投資」が、どのような成果指標（KGI）を伸ばすことにつながり、競争力強化につながるか、をストーリー化してみよう。

　ここでは、具体的なイメージをお持ちいただけるように、海外で投資家から評価の高いドイツ銀行のHRレポート2021年版における「人への投資」と競争力強化のストーリーの一部を抜粋し、逆算して再構成してみた。

[中長期で目指す姿]

- 2019年以来のリストラを経て、よりスリムかつシンプルな組織の整備を完了し持続可能な成長の段階へ突入
- VUCA時代に加え、コロナ禍という未曾有の激変環境下、金融ニーズのファーストコンタクト先'Global Hausbank'となることを目指す

↑

[強化すべき人材戦略の要諦]

- ポストコロナの時代に、顧客や同僚といかにコラボレートし、いかにリードし、いかに学ぶのかを模索していく
- 持続可能な成長のために、自主的に学び、仕事を作り出すことができる人財を育成していく
- セットしたKGI：エンゲージメントスコア

↑

[目標達成のための打ち手]

- KGI目標達成の最重要施策の1つとして、**リーダーシップ開発プログラム刷新**を行った
  - パンデミック対応マネジメントスタイル（エンパワーメント重視）に変更し、新リーダーシップ開発プログラムを実施
  - Vice President タレントアクセレレーション・プログラム "The Black Opportunity Leadership" 等

↓

[成果（アウトカム）]

- その結果、組織を牽引するリーダーへの信頼度をスコア化したKPI「leadership trust」は2019年59%から2020年73%へと高水準に向上する結果となった。

■ 4つの要素に沿った開示項目をマッピングする

前項で投資家向け開示戦略の“背骨”として「人材戦略を企業価値向上につなげるストーリー」が構築できたら「人的資本可視化指針」に示された、以下の4つの視点から背骨のストーリーを補強、肉付けする段階へと移行する。

①ガバナンス

②人材戦略

③リスク管理

④指標と目標

①**ガバナンス**

取締役会が定期的にモニタリングしている人的資本関連項目の成果・測定指標が存在するか。また、その成果・結果に対し、アクション施策の効果検証を数値で評価しているか等を検証する。

②**人材戦略**

人材資本としての従業員の能力最大化のために、どのような施策を行っているか。その施策のKGI/KPIはどのような理由によって達成できたか等のように、議論を整理しながら開示上の訴求要素を抽出していく。

③**リスク管理**

事業の持続的な成長のカギを握る経営幹部の後継者はどのように育成しているか。そのプロセスはどのような時間軸でプログラム化し、進捗管理がなされているか等のように、自社の事業継続性の観点から最もハイリスクな要素を抽出し説明を加える。

④**指標と目標**

自社の人材戦略の背骨を形づくるための目標数値は何か。その実現のための指標は、自社および競合に対する比較可能性があるものが選択さ

れているか等を検証するとよい。

　＊参考：本章で記述したバックキャスティング思考以下の記述を参照されたい。

■ 開示はステップ・バイ・ステップで進める

　2022年より始まることになった人的資本の戦略的開示の実務を執り行っていくうえで、重要なキーワードとして「ステップ・バイ・ステップ」の概念を最後に紹介しておきたい。

　「人的資本可視化指針」7ページ「コラム②：ステップ・バイ・ステップでの開示」には、**「最初から完成度の高い人的資本の可視化を行うことは難しい」** との記述がある。そのため、まずは、実務家の方々は安心して「できるところから」開示の準備に取りかかればよい。

図表6-5　ステップ・バイ・ステップでの開示（イメージ）（図表5-6再掲）

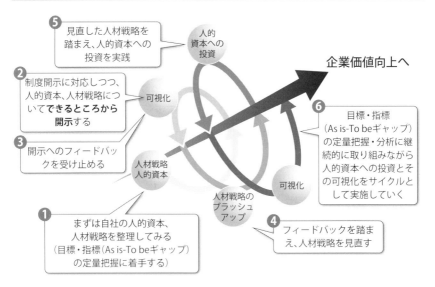

出所：環境省「TCFDを活用した経営戦略立案のススメ～気候関連リスク・機会を織り込むシナリオ分析実践ガイド ver3.0～」2-49を参考に作成

　ただし、一度セットした目標数値、測定指標や人的資本施策分野は経年で変化を示していくことが望ましい、とされていることに留意する。

　なぜ一度採用した指標は簡単に変えないほうがよいか、投資家の立場に立って考えてみよう。投資家は数値分析を主業務としており、検討対象企業が毎年目標・指標・中長期戦略を頻繁に変更すると、投資検討するうえで嫌気が差してしまうだろう。

■ 投資家との対話の実践とフィードバックの活かし方

　ステップ・バイ・ステップで一歩を踏み出したら、積極的にESG要素、とくに人的資本の要素を重視するESG投資家との対話の機会を設けることをお勧めしたい。というのも、私見ではあるが、企業経営者と投資家との対話の重要性は、大学受験や資格取得等の試験における出題傾向を把握することの重要性になぞらえることができる、と考えているからだ。

　受験勉強では、ゴールを数年先の「合格」にセットし、通常は数年がかりで志望校の出題傾向を把握し、対策をプランニングする。出題傾向を把握していなければ、合格はおぼつかない。

　一方、投資家と経営者の対話の場面では、経営者にとってのゴールは

図表6-6　投資家との対話の重要性

大学受験に合格するには…	企業価値を上げるには…
出題の傾向を知る	投資家の評価ポイントを知る
▼	▼
対策をプランニング	対策をプランニング
▼	▼
日々研鑽して学力を上げる	日々研鑽して人的資本経営力を上げる

投資家との対話では、企業価値向上へのヒントを教えてもらえる

「企業価値の向上」である。言い換えると、投資家からの評価を高めて投資対象に選んでもらうことである。投資家から高い評価を獲得するには、まず評価ポイントがどこにあるか、を知る必要がある。評価ポイントをしっかり押さえることができたら、対策をプランニングして企業価値向上への近道を走り出すことができる。投資家との対話の場面では、投資家がどのような開示内容を評価するか、逆に、投資家が評価しない開示のポイントは何か、を把握することができる。つまり、企業価値向上のためのヒントが満載なのである。

投資家との対話を通じて、企業価値向上のためのヒントなどを得ることができた経営者は、人事部門をはじめとする人的資本の関連部門に対して、投資家からのポジティブ＋ネガティブな言葉をフィードバックする。それを参考にしながら、実務者は投資家からの指摘を参考に人材戦略の練り直しを行う。

そして、人材戦略において新たな課題となった改善ポイントに対して、経営者は積極的な人への投資を行い、人的資本の経営力と執行力を磨き上げていく。

Column

人的資本におけるダイバーシティ＆インクルージョンを考える

改訂コーポレートガバナンスコードと人材版伊藤レポート 2.0

　2021年6月に東京証券取引所より改訂コーポレートガバナンス・コードが公表[1]され、その中で人材に関する開示指針[1]が打ち出された。なかでも、以下の2点について最も大きく踏み込まれている。

- 「企業の中核人材における多様性の確保：管理職に関しての多様性（女性・中途採用者の登用・外国人）についての考え方と、測定可能な自主的な目標の設定」
- 「多様性を確保するための人材育成方針と、社内環境整備方針をその実施目標と合わせて実施」

　これを人的資本の開示と照らし合わせたとき、「人的資本におけるダイバーシティ＆インクルージョン（以下、D&I）における『現状とあるべき姿に進めていく定量およびプロセス』の開示」といえよう。

　人的資本の開示については、2022年5月に経済産業省より公表の「人的資本経営の実現に向けた検討会報告書〜人材版伊藤レポート2.0〜」（以下、伊藤レポート2.0）に詳しい。

　伊藤レポート2.0では、コロナ禍など、企業・個人を取り巻く環境が大きな変化を迎えていることを踏まえ、各企業において「今後のアクションの羅針盤となる変革の方向性」を示している。そして、「変化が激しい時代には、これまでの成功体験に囚われることなく、企業も個人も、変化に柔軟に対応し、想定外のショックへの強靱性（レジリエンス）を高めていく変革力が求められる」と言及されて

---

[1] 東京証券取引所　改訂コーポレートガバナンス・コードの公表
　https://www.jpx.co.jp/news/1020/20210611-01.html

おり、D&Iが人的資本開示において重要視されるようになった背景について、伊藤レポート2.0では以下のようにまとめている。

「中長期的な企業価値向上のためには、非連続的なイノベーションを生み出すことが重要であり、その原動力となるのは、多様な個人の掛け合わせである。このため専門性や経験、感性、価値観といった知と経験のダイバーシティを積極的に取り込むことが必要となる。」

かつての大量生産および大量消費による成長する経済活動であれば、同質性が高くコミュニケーションコストが低い組織マネジメントで単一的で直線的な経営を進めることができた。しかし現在のように、経営を取り巻くAIなどテクノロジーの急速な進展やこれまで経験したことのない想定外の自然災害だけでなく、コロナウイルス感染やウクライナ・ロシア紛争など誰もが予想しなかった事態が頻発している。否応なしに、予測不可能な激流に私たちは今、身を置いているということだ。

こうした何が起こるかわからない時代において企業経営のカギとなるのが、多様な人財であろう。Z世代、ミレニアル世代、女性、外国人、LGBTQなどの多様な感性や価値観を持つ人材の"組み合わせ"がリスクに対する耐性を高め、イノベーションを生み、良いアウトプットを生み出す。

今後の日本では、少子化は進行し、労働人口は急減していくことが確実視されている。働く人の数が減っていくなかでは、欲しい人財が十分に採用・確保できなくなる。となれば、性別、人種、国籍、年齢、障害の有無等によって、採用・配置・育成・報酬に差別や制限をかけずに、社員全員に対するインクルージョンのある組織が「働きやすい、そして働き甲斐のある組織」となることは間違いない。

『多様性の科学』から学ぶべきこと

　多様性を考えるうえで、英タイムズ紙のコラムニスト、マシュー・サイドの著書『多様性の科学』が参考になる。同書では、以下のように総括されている。

　「現代では、経営は直線的・単一的なものの考え方で解決できる問題は少なくなってきている。むしろ、複雑性を増す問題が多くなってきている経営課題や組織課題に対し、解決方法としては、組織内に、異なる心を持つ人々からなるグループを組み立て、各個人の特定の才能を使って、解決策の一部を提供することによってのみ達成できる。異なる視点、洞察、思考プロセスを組み合わせることで、時には最も困難な障害さえも克服することができるのだ。」

　同書は科学的エビデンスにより、なぜ多様性が進化し、複雑な問題解決において重要になるかについて、理論的背景を解説している。

　たとえば、人類の知性は集団の多様性の上に成り立ち、人類の繁栄も個人の脳を超えた集団脳によってもたらされることを証明している。「集合知[2]」の重要性を理解すれば、大事なのは個々人の知性の高さではない。肝心なのは、集団の中で自由に意見が交換できるか、互いの反論を受け入れられるか、他者から学ぶことができるか、協力しあえるか、第三者の意見を聞き入れられるか、失敗や間違い

---

[2] 集団的知性研究のパイオニアである George Por は集団的知性現象を「協調と革新を通してより高次の複雑な思考、問題解決、統合を勝ち取りえる、人類コミュニティの能力」と定義している George Por, Blog of Collective Intelligence

参考文献：
Matthew Syed "Rebel Ideas: The Power of Diverse Thinking" Flatiron Books. 和訳『多様性の科学 画一的で凋落する組織、複数の視点で問題を解決する組織』(2021) ディスカヴァー・トゥエンティワン.
経済産業省 (2022) "持続的な企業価値の向上と人的資本に関する研究会 報告書 ～ 人材版伊藤レポート 2.0 ～" report2.0.pdf (meti.go.jp)

を許容できるか、である。イノベーションはたった一人の天才が起こすわけではない。人々が自由につながりあえる広範囲なネットワークが不可欠なのである。

だからこそ、ダイバーシティと両輪で、集団の中で自由に意見が交換できるインクルージョン（誰もがそこに帰属意識の持てる、一人ひとりが情熱と能力を解放できる）な環境が重要である。そして、すべての人の不均衡を是正するためのエクイティ（公平性）を重視することで、人類は、複雑かつ困難な問題を解決でき、持続可能な社会を実現していくことができうるとしている。

多様性は、人類の持続的進化において、大きな推進力を持っているとの主張だ。

この論調に従えば、人的資本の開示の前提として、企業はそれぞれの環境に応じて、D&Iの「現状とあるべき姿に進めていく定量およびプロセス」の開示をマルチステークホルダー（とくに、投資家、従業員）に対して行うとともに、真摯な対話を進めていくことが求められる。あるべき姿に向かって着実にPDCAを進めていくプロセスは、長期にわたる各社の無形資産価値の向上に資することになり、企業価値を最大化する推進力となろう。

コラム執筆：**中川 有紀子**（なかがわ ゆきこ）
博士（商学、慶應義塾大学）。立教大学大学院ビジネスデザイン研究科前特任教授、慶應義塾大学商学部兼任講師、徳島大学医学部栄養学科非常勤講師。2018年より、プライム市場のべ6社で社外取締役を歴任。証券会社のオープンイノベーションカレッジ（スタートアップ支援事業）にてアドバイザー。25年以上の日米企業におけるグローバル人事実務に従事。40代は、社会人×社会人博士課程学生×長男次男の子育ての3足の草鞋を履く。専門スキルは、ESG経営、人的資本経営、社内DX・SX推進。一般社団法人HRテクノロジーコンソーシアム 主任研究員。

第 **7** 章

人的資本開示情報の分析

1 | 人的資本の開示状況の分析

■ HCDIによる開示状況の定量分析

前章まで、人的資本の開示が日本で強く求められている状況を説明し、開示にあたってのいくつかの留意点や実践的な手順等を紹介してきた。しかし、各企業が人的資本の開示をどれくらい行っているのか、その開示状況自体を定量的に測定する尺度は定まっていない。

そこで、筆者は人的資本の開示状況を定量的に把握するための尺度であるHuman Capital Disclosure Index（HCDI）を開発し、それに基づいた分析および尺度の改良を行っている。

本章は、HCDIを用いることで、日本企業の人的資本の開示の状況についての2つの分析を行う。

第1に、日本企業の経時的な人的資本の開示のトレンドを明らかにする。東証プライム市場の時価総額トップ20社（分析に用いたのは19社）の2022年時点のHCDIを、5年前の2017年と比較し、日本企業がこの5年間でどのように開示状況を変化させてきたのかの傾向を把握する。

第2に、同様の企業の分析をもとに、現在のHCDIと各企業の過去のCSR行動の関係を明らかにする。具体的には東洋経済新報社が作成・発表している「CSR企業ランキング」算出に用いられている尺度とHCDIの関係を分析することによって、過去のCSR行動と現在のHCDIの関係を探索していく。

2 ┃ HCDIとは何か

■ 簡易的な測定ツール

　人的資本の開示のガイドラインとして、最も知られているものの1つがISO 30414である。しかし、ISO 30414の項目は多数存在し、人的資本の開示の度合いを各社横並びで比較するのは容易ではない。また、ISO 30414の認証を取得している企業かどうかという判断基準はあるものの、その認証の有無だけでは、各社の人的資本の開示の違いを把握することは難しい。そのため、簡易的に測定できて、かつ各社の人的資本の特徴を捉えられるような測定尺度が求められるのである。そうした尺度が、筆者が提案しているHCDIである。

　HCDIは、各企業の統合レポート（含むアニュアルレポート）、サステナブルレポート（含むCSRレポート）、有価証券報告書、およびホームページといった、誰でもアクセス可能なデータから分析するものである。統合レポートのような文字として残っているものだけを扱うことで、主観に左右されず組織の状態を分析でき、さらに追試なども容易であるというメリットもある。

　HCDIはISO 30414の項目をベースに、①経営、②組織、③安全、④人材育成、⑤ダイバーシティの5つの大項目で測定される。ただしこれらは、ISO 30414のすべての項目を網羅しているわけではない。これは、2022年時点でISO 30414に基づいた完璧な開示を行っている日本企業は非常に少ないという実情を踏まえている。とくに日本企業の場合、サクセッションプラン（後継者育成計画）の有効性に関する指標、人事関連のコストや成果、ポジションのモビリティ（流動性）に関する指標などは開示できていないケースが多い。そのため、現段階で開示できている企業とそうでない企業で差がつく傾向のあるこの5項目で現状は測定し

ている（**図表7-1**）。

　ダイバーシティを除く各大項目では、小項目の尺度を単純合計し、最小0、最大5となるように圧縮/拡大している。ダイバーシティはそれぞれの項目を足し合わせて、5を超えるものも「5」と扱っている。このダイバーシティは、2022年5月刊『経営戦略としての人的資本開示』で紹介したものから変更した点であるため、注意が必要である。

　このように、各項目や計算方法は暫定的なものであり、今後変更する可能性があることも留意してほしい。ただし、公開データを使っているため、新しい尺度に変更しても過去にさかのぼって再計算が容易なことが、HCDIの強みの1つである。また、人の目で行うとしても、1社あたり20分程度で分析が可能であることも特長としている。なお、この分析において、複数人による協議、またはAIなどを使うことが望ましい[1]。

　実際に各企業のHCDIを筆者が計算したものが**図表7-2**である。ここでは、2022年8月2日時点での、東証一部上場企業の時価総額トップ20社を対象に、HCDIを算出した。各企業の名前は匿名性を保つために、HCDIの大きい順に名前を付けなおしている。これらから、一部上場企業といえども、その開示状況にばらつきがあることが見て取れる。

　なお、第4章で登場した、アジアパシフィックで初めてISO 30414認証を取得したリンクアンドモチベーションについて分析すると、すべての項目が5となる。ここから、HCDIがベースとしているISO 30414とも整合性が取れていることが確認できる。

---

[1] 実際にどのような判定基準で分析しているかについて、筆者の産学連携のホームページで公開している。また、現在200名以上にHCDIの分析を行ってもらい、測定の際のバラツキがどうなるかを検証している。

図表7-1　HCDIの項目

大項目名	小項目名	尺度
経営	リーダーシップ開発	0：言及なし
		1：単語が登場 / やっているという記述
		2：具体的な基準、プロセス、回数にも言及
	後継者計画	0：言及なし
		1：単語が登場 / やっているという記述
		2：具体的な基準やプロセスにも言及
	経営者の能力	0：言及なし
		1：各取締役の選出理由の説明（社外取締役のみでも可）
		2：スキルマトリックス / マップなどの言及（社外取締役のみは1）
組織	従業員エンゲージメント	0：言及なし
		1：単語が登場 / 測定している事実の記述
		2：具体的な数値を公表
	離職率	0：言及なし
		1：単語が登場 / リテンションをあげるための方策が書かれている
		2：離職率が提示されている
	給与	0：言及なし
		1：社員の平均給与提示（役員報酬の金額だけでは0）
		2：社員給与と役員報酬の比率まで提示
安全	労災関係	0：言及なし
		1：具体的な件数や損失時間が書かれている
		2：具体的な件数や損失時間が複数の指標で書かれている
	安全教育	0：言及なし
		1：単語が登場 / もしくは教育の実施の有無だけの記述
		2：具体的な教育内容の記述
		3：受講率（または人数）の公表
人材育成	（一人当たり）人材開発及び研修の総コスト	0：言及なし
		1：言及あり（一人当たりでなく全体のコストでも可）
	研修参加率	0：言及なし
		1：言及あり（人数でも可）
	従業員一人当たりの平均研修時間	0：言及なし
		1：言及あり
ダイバーシティ	男女	0：割合 / 人数の記述なし、1：割合 / 人数の記述あり
	障碍者	0：割合 / 人数の記述なし、1：割合 / 人数の記述あり
	国籍	0：割合 / 人数の記述なし、1：割合 / 人数の記述あり
	中途採用	0：割合 / 人数の記述なし、1：割合 / 人数の記述あり
	年齢	0：割合 / 人数の記述なし、1：割合 / 人数の記述あり
	スキル（高度技術者等）	0：割合 / 人数の記述なし、1：割合 / 人数の記述あり
	正規非正規	0：割合 / 人数の記述なし、1：割合 / 人数の記述あり
	働き方（例：リモートワークなど）	0：割合 / 人数の記述なし、1：割合 / 人数の記述あり

東証プライム上場企業の時価総額トップ20社のHCDI（2022年8月2日時点）

	業種	経営	組織	安全	人材育成	ダイバーシティ	合計
C1	製造業	3.33	5.00	5.00	5.00	5.00	23.33
C2	非製造業	2.50	5.00	4.00	5.00	5.00	21.50
C3	非製造業	3.33	4.17	5.00	5.00	4.00	21.50
C4	非製造業	4.17	3.33	2.00	5.00	5.00	19.50
C5	製造業	4.17	3.33	5.00	1.67	5.00	19.17
C6	製造業	3.33	3.33	5.00	3.33	4.00	19.00
C7	製造業	2.50	2.50	5.00	3.33	5.00	18.33
C8	非製造業	2.50	3.33	4.00	3.33	5.00	18.17
C9	製造業	3.33	4.17	2.00	3.33	5.00	17.83
C10	製造業	3.33	1.67	4.00	1.67	5.00	15.67
C11	非製造業	2.50	4.17	1.00	1.67	5.00	14.33
C12	非製造業	0.83	4.17	1.00	3.33	5.00	14.33
C13	製造業	4.17	3.33	2.00	1.67	3.00	14.17
C14	製造業	0.83	1.67	5.00	1.67	3.00	12.17
C15	製造業	3.33	1.67	2.00	1.67	2.00	10.67
C16	非製造業	2.50	3.33	0.00	1.67	3.00	10.50
C17	製造業	0.83	1.67	0.00	1.67	4.00	8.17
C18	製造業	0.83	0.00	1.00	0.00	3.00	4.83
C19	製造業	0.83	0.00	0.00	0.00	0.00	0.83

注) 20社に同じグループ会社の本社と子会社が1組含まれていたため、その子会社を対象から外した。そのため19社となっている。

注) C17とC19は統合レポートなどが英語で書かれていた。内容をすべて確認したうえで点数をつけているが、言語が違うことによって、表現などが異なり、点数が低く出ている可能性もある。ただし、C17は日本語のCSRレポート、およびホームページのデータも活用している。

3　HCDIはどう変化してきたのか： 開示状況の経時的な変化を探る

■ HCDIの変化を見える化する

　続いて、これら19社のHCDIが過去と比較してどう変化してきたのかを分析する。ここでは、2017年に公開された資料を元に、当時のHCDIを計算した。ただし、2017年当時のホームページなどはすでにアクセスできないものも含まれているため、正確なHCDIを計算できていないものもある。それらの注記も含めてまとめたものが**図表7-3**である。

　図表7-2と図表7-3をもとに2017年と2022年のHCDIの双方の平均値をまとめて、レーダーチャートにしたものが**図表7-4**である。なお、図表7-3の欄外で書いた通り、C11、C17、C19は正しくHCDIを測定できていない可能性があるので、サンプルから外し、16社で分析をしている。

　図表7-4から、5年間での開示のトレンドがうかがえる。まずHCDIの合計値を見ると、2017年は10.68に対して、2022年は14.95と、総じて人的資本の開示が進んでいることがわかる。

　実際に双方に対してt検定（差の検定）を行ったが、統計的に有意な差が見られた（$p < .05$）。さらに細かく見ると、5年間で開示が特に進んだのは、組織、人材育成の2項目である。同様に2017年と2022年の間でt検定を行った結果、これら2項目のみに統計的に有意な差が見られた（$p < .05$）。これは5年の間、対象企業が従業員のエンゲージメントと育成、およびその開示に関心を持ってきたことを示唆している。

　その一方で、経営に関する開示は総じて進んでおらず、2017年と2022年の間に、統計的に有意な差はなかった。これは、リーダー不足、経営者候補不足と言われていることが多い日本企業の状況を表しているかもしれない。逆に言えば、この経営の項目が今後のフロンティアとなる可能性が示唆される。いかに経営に関する項目を開示するか、すなわ

図表7-3 2017年時点でのHCDI

	経営	組織	安全	人材育成	ダイバーシティ	合計
C1	3.33	1.67	4.00	3.33	3.00	15.33
C2	2.50	3.33	2.00	3.33	3.00	14.17
C3	2.50	2.50	2.00	1.67	3.00	11.67
C4	2.50	0.00	0.00	1.67	2.00	6.17
C5	2.50	2.50	5.00	1.67	5.00	16.67
C6	4.17	0.83	3.00	0.00	1.00	9.00
C7	1.67	3.33	2.00	0.00	5.00	12.00
C8	1.67	3.33	3.00	3.33	5.00	16.33
C9	0.83	4.17	3.00	3.33	5.00	16.33
C10	2.50	0.00	3.00	1.67	3.00	10.17
C11	0.83	0.00	0.00	0.00	0.00	0.83
C12	0.83	0.00	0.00	0.00	1.00	1.83
C13	1.67	1.67	3.00	1.67	4.00	12.00
C14	0.83	1.67	4.00	1.67	3.00	11.17
C15	2.50	0.00	2.00	1.67	3.00	9.17
C16	3.33	1.67	0.00	0.00	3.00	8.00
C17	0.00	0.00	0.00	0.00	0.00	0.00
C18	0.83	0.00	0.00	0.00	0.00	0.83
C19	0.00	0.00	0.00	0.00	0.00	0.00

注）C11、C17、C19は当時のホームページを参考にすることができなかった。そのため、これらの企業のHCDI
は低めに出ている可能性が高い。

ち、開示できるような経営分野の人材戦略を考えるかが、今後の伸びし
ろとして期待される。

　次に、各社のポジションの変化をまとめたものが**図表7-5**である。こ
こから、2017年度以降急激にHCDIを高めた企業とそうでない企業の2
つに分かれることがわかる。真ん中の45度ラインから上方向に遠い企
業が前者、近くにある企業は後者である。

　2017年からHCDIを大きく高めた企業とそうでない企業の違いは何か
を検討するために、HCDIの増加幅が平均より大きい8社と、そうでな

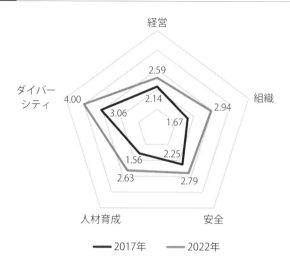

図表7-4　2017年と2022年のHCDIの比較

経営

2.59
2.14

組織
2.94

1.67

ダイバー
シティ
4.00
3.06

2.25

1.56

2.63
2.79

人材育成　　　　安全

━━ 2017年　　━━ 2022年

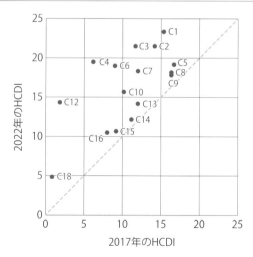

図表7-5　2017年と2022年の各社のポジショニングの比較

（縦軸）2022年のHCDI、（横軸）2017年のHCDI

い8社の2つにグループを分けて、統計的検定を行った。

　その結果、現状のデータでは2017年3月の時点で従業員数が多い企業ほど、その後HCDIをより高めている傾向が見られた（$p < 0.05$）。この傾向については、従業員数が多い企業ほどステークホルダーの圧力が強く対応せざるを得なかったという解釈（ステークホルダーの理論）、または従業員数が多い企業ほど人的資本の開示に資源を割けるという解釈（経営資源の理論）ができる。

　その他にも、海外売上高比率、外国人保有株式比率、外国人取締役比率などでも分析を行ったが、現状のサンプルでは有意な結果は出なかった。しかしこれはあくまでも今回の16社に限定した分析であり、サンプル数が少なく、かつ日本企業のうち優良な企業のサンプルにすぎないため、この結果は一般化できない。今後はより大規模なサンプルで検証していく必要がある。

4　人的資本の開示とCSR活動との関係

■ 正に有意な相関関係

　前節で、日本のトップ企業が人的資本の開示に、少なくとも5年間注力してきたことを定量的に示してきた。次に、こうした開示が既存のCSR活動とどのような関係にあるのかを、HCDIを用いて分析してみる。

　本章でCSR活動の指標として用いるのは、東洋経済新報社が『CSR企業白書』で毎年公開している日本企業のCSR活動に関する評価である。東洋経済新報社は独自の集計方法で、各企業の「人材活用」「環境」「企業統治」「社会性」「財務」に関する取組みを点数化し、総合ポイントとして合計することで「CSR企業ランキング」を算出している。ここでは、CSRの項目に含まれている、人材活用、環境、企業統治、社会性の4つについて、2017年版から2021年版の5年間のデータを抽出し、2022年のHCDIと相関する変数を明らかにしていきたい。なお、4つの変数はすべて100点満点で掲載されている。

　分析の対象となるのは、前述の19社のうち、1社を除いた18社である。これは、1社が『CSR企業白書』に掲載されていない年があるからである。これら18社の2022年のHCDIを従属変数にして、人材活用、環境、企業統治、社会性の4つの変数を独立変数にした重回帰分析を行った。ただし、これらの独立変数同士にも相関関係があるため、適宜変数を単体で加えた分析も行った。

　実際の分析では、2017年、2018年、2019年、2020年、2021年の各変数を、それぞれ別のモデルに投入した。これは、サンプル数が少なく多数の独立変数を同時に扱うことが望ましくないため、また、年度を越えた独立変数間の相関関係が見られるためである。なお、2017年版に掲載されているデータは2016年に調査したものであり、各年版のデータ

は1年遅れたデータとなっている。一方HCDIのデータも、そのうち10社は2021年に出されたレポートを参考にしているため、少なくとも独立変数のほうが従属変数よりも過去の変数となっている。

　分析の結果、すべての年のモデルにおいて、「環境」の変数とHCDIに正に有意な相関関係が見られた（$p < 0.01$）。これは、過去に環境に関する積極的なCSR活動をしていたと評価されている企業ほど、人的資本の開示に積極的、という関係が、少なくともこの18社で確認できたことを意味する。

　この相関関係にも多様な解釈はできる。あり得る1つめの解釈は「環境に関するCSR活動を行っていくことで何らかの学習が行われ、人的資本の開示が上手くなる」という各企業の学習に関する解釈である。他の解釈としては、「環境に関するCSR活動を行ってきた企業は、元々ステークホルダーへの対応能力のようなものに優れていて、それが人的資本の開示という新しいトレンドにも発揮されている」という、各企業の能力に基づく解釈である。分析結果がより広いサンプルでも実証されるかはもちろん、それに加えてその背景にあるメカニズムも引き続き探索する必要がある。

　一方興味深いことに、人材活用で高い評価を得ている企業ほどHCDIが高い、という関係は、今回の分析では見られなかった。今後サンプルを拡大すればこうした関係は見られるかもしれないが、人材活用をしていてもそれを公開しているとは必ずしも限らない状況を、この結果は示しているかもしれない。

5 　HCDIが教えてくれること

■ 結論

　以上、本章ではHCDIという人的資本の開示度を明らかにする尺度を使って、時系列的な分析とCSR活動との関係について検討した。東証プライム時価総額トップ20社の分析をした結果、以下の2つのことが明らかになった。

　第1に、2017年と比較したとき、少なくとも現在トップ20に入っている企業の多くは、人的資本の開示度を総じて高めてきたことが明らかになった。とくに組織に関する項目、人材育成に関する項目の情報公開が進んでいる。その一方、経営に関する項目の情報公開は今後の課題となる可能性が示されていた。また、HCDIを高めた企業とそうでない企業に分かれることを確認し、その両者の違いについては、今後多面的に検討する必要があることを示した。

　第2にHCDIが過去のCSR活動と関連している可能性が明らかになった。過去に環境に関するCSR活動を行っている企業ほど、2022年現在のHCDIが高い傾向にある。このことは、ステークホルダーに対応する能力を持っている企業とそうでない企業が存在している可能性を示唆している。その一方で、人材活用を進めている企業といえども、HCDIが高いとは限らない可能性を示唆したことも、注目すべきであろう。

■ HCDI活用の留意点

　このようにHCDIは人的資本の開示度を測定する1つの尺度でありながらも、企業や業界の経年的変化や、各企業の過去の状況や行動との関連を明らかにする可能性のある尺度である。また、HCDIを高めることが企業のパフォーマンスをどう高めるのかについても、今後検討する価

値がある。今後もHCDIを用いた分析を積み重ねることで、尺度自体を洗練しながら、HCDIが企業のパフォーマンスに意味することを明らかにしていくことが期待されるだろう。

　ただし、HCDIを今後活用するにあたって、留意しなければならないことを2つあげておきたい。

　まず、HCDIのような尺度を活用する際の統計的なリテラシーの必要性である。本章でもt検定や重回帰分析などを行ったが、分析方法を理解することはもちろん、分析の前提となるサンプルやデータの選定に関する事項や因果関係と相関関係の違いなども理解しなければ、分析結果を正しく解釈できない可能性がある。

　たとえば、本章の分析はわずか20社弱の分析であり、しかも初歩的な統計手法しか用いていないので、この結果を一般化することは事実上不可能だ。しかし、世の中には偏ったサンプルによる分析を安易に一般化したり、単なる相関関係を因果関係のように議論したりする論調も多数見られる。今後人的資本の開示に伴って、HCDIを含めたさまざまな定量的な尺度が登場すると思われるが、こうした尺度を使いこなすための統計リテラシーも「HRテクノロジー」の1つとして注目すべきではないだろうか。

　そして2つめは、ある変数間の関係が見つかったとして、その背景にあるメカニズム、その論理を考えることの重要性である。

　たとえば、本章が示した「環境に対するCSR活動とHCDIの因果関係」が真に存在していたとしても、その意味するところの解釈が正しく行われなければ、間違った意思決定をしてしまう可能性がある。「環境に関するCSR活動をしていれば、企業内で学習が行われて、人的資源の開示も進む」というメカニズムが真であるならば、その企業は人的資源の開示の前に環境に関するCSR活動をまず行うべきである、という解釈が成り立ちうる。しかし、「環境に対するCSR活動をしていた企業

はもともとステークホルダーに敏感に察知する能力がある」という論理が正しい場合は、その能力とは何かを考え、それを身につけることが望ましい可能性がある。膨大なデータがさまざまな相関関係、因果関係を示してくれるようになるからこそ、その背景にあるメカニズムを考える「人の知恵」もまた、必要になるのである。こうした人の知恵は、各自の現場経験と先人たちの知恵（経営学分野の研究も含む）の学びによって鍛えられていく。これもまた、これからの人事パーソンはもちろん、経営者も意識しなければならないことではないだろうか。

　本章の内容を受けて、企業の中でもHCDIのような人的資本の開示の測定の議論が巻き起こり、それを正しく活用することで、正しい知恵が企業の中に蓄積されることを期待している。

参考文献

・『経営戦略としての人的資本開示』一般社団法人HRテクノロジーコンソーシアム編、日本能率協会マネジメントセンター、2022年5月

事例編

- ●アリアンツ
- ●ドイツ銀行
- ●ベライゾン
- ●小林製薬

アリアンツ

■ 経営戦略と人事戦略の融合

　ドイツ保険大手アリアンツは2022年3月より、ISO 30414に準拠した人的資本経営に関するレポート「People Fact Book 2021」を社内外のステイクホルダーに開示するとともに、投資家向けに限定した経営戦略と人事戦略プレゼンテーション資料を公表している。これらの資料に記載されている外部環境、事業戦略および人事組織戦略に対する経営陣の認識／戦略的意図を要約すると、以下のとおりである。

［外部環境の認識］
　外部環境が激しく変化し、グローバルで分極化が進む。
　平均的な企業はあらゆる面で苦境に陥り、業界リーダー企業には大きな成長機会がもたらされる。

［経営戦略］
　上記の外部環境の認識を踏まえ、主な経営戦略方針として、以下を掲げた。
- 事業バリューチェーンのあらゆる側面を強化し、グローバルで業界リーダーとしての地位を確立・強化する。

［人事組織戦略］
　上記戦略実現のために、人事組織戦略として「**インクルーシブ・メリトクラシー（包摂的実力主義）文化**」を醸成し、人とHRテクノロジー活用への投資を積極化し、未来に向けて力強く人と組織を強くしていく、と「People Fact Book 2021」に明記した。

- グローバルに広がる**多様な顧客ニーズ**を理解するためには、顧客同等の**ダイバーシティ（多様性）**を社内に持つ必要がある。
- 顧客中心主義という旗印の下、激しい環境変化に対してアジャイルに変化対応し、**多様性あふれる従業員**のポテンシャルを最大限に引き出すよう投資を積極化する。
- 顧客に持続可能な価値と業界最高のサービスを提供するために、多様性あふれる従業員が互いに協調し合い成果を重視する組織文化（＝**インクルーシブ・メリトクラシー〈包摂的実力主義〉**）を醸成しなければならない。

とくに注目したいのは、投資家向けに公開したプレゼンテーション資料（2021年12月）である。その資料の中に、「グローバルで業界リーダーとしての地位を確立・強化」という経営戦略オプションを意思決定した理由を示すスライドがある。このスライドを基点として、同社の中長期的な経営戦略の方向性と、その実現のための人事組織戦略ストーリーが練り上げられたのである。

［保険市場の特性］
プレーヤー1人当たりの経済的利益の中央値が正の値を示す収益性の高い産業である。

- 参入プレーヤー同士で競争が激化する保険市場において経営戦略オプションの選択肢は限られる。すなわち、価値の創造主となるか、または価値破壊者となるか、の2つ。

グローバル市場における価値創造の二極化はすでに現実化している。

- 価値創造主は、グローバルで多様化するニーズを取り込み、ますます強くなっていく。

- 一方、業界の多数派を占める平均的プレーヤーは価値創造のための投資余力が乏しく、逼迫していくものと予想する。

[経営戦略の方向性]

企業が生み出す経済的価値を測定する指標の1つである経済的付加価値（EVA）をもとに、アリアンツは価値創造主を自負する戦略オプションを選択し、2012年から持続的にEVAを成長させてきたことを投資家向けにアピールする。

[人事組織戦略との融合・進化の方向性]

アリアンツは、業界の盟主としての地位を確立すべく、全方位で競争力向上のための人的組織的投資を積極化していくことを高らかに宣言。

- 組織戦略：もっとアジャイルで、もっと顧客中心主義で、もっとコラボレーション重視なマインドセットが広がる組織文化の醸成を目指す。
- 人材戦略：組織のレジリエンスを強化するための人財育成とダイバシティを促進する。
- 明確な目的意識とエンゲージメントの高い社員を育成する。

■ 多様性を包摂した実力主義へのこだわり
～ Inclusive Meritocracy

前項で説明したように、アリアンツは、グローバル化と顧客ニーズの多様化が進む環境下において的確に顧客ニーズをキャッチするために、従業員の多様性を確保することが人事組織戦略上の重要な取組みになると考えている。

また、激しく変化する外部環境下では、顧客起点で素早く変化を察知し、適時適切なタイミングで商品／サービスへ変換することができる人

材のアジリティと高いパフォーマンスレベルこそが激しい競争を勝ち抜くうえで最重要な人事組織戦略の要素だと位置付けた。

このようなアリアンツの人事組織戦略の中核的な考え方を象徴するスローガンが、"インクルーシブ・メリトクラシー（包摂的実力主義）"である。この主義については、同社のホームページ上でわかりやすく情報開示されているので、そちらの内容を紹介しよう。

［インクルーシブ・メリトクラシー　3つの原則］
⑴人とパフォーマンスが重要
⑵パフォーマンス測定指標の定義（"何を"、"どうやって"）
⑶アリアンツの従業員に求める人材属性と目標行動

アリアンツは、自社の従業員が具備すべき人材属性と目標行動について、世界中のアリアンツリーダーに対する調査を通じて、4つの「人材属性」を特定している。同社が掲げる4つの人材属性とは、①アントレプレナーシップ、②市場トップクラスの顧客サービスレベル、③信頼性、④協調型リーダーシップである。それぞれについての補足説明は以下のとおり。

①アントレプレナーシップ

• 機会を捉え、リスクを取って失敗を許容する文化を奨励する

• イノベーションを尊ぶ

• オーナーシップと責任感の強さ

②**市場トップクラスの顧客サービスレベル**

• 最新の職業知識・スキルの習得

• 顧客接点のエクセレンスの追求

• ベンチマーク（≒他社の目標）

③信頼性

- 高潔さ、透明性、多様性への寛容さに裏打ちされる

④協調型リーダーシップ

- チームメンバーへの権限委譲と目的と方向性の再確認
- 人を育て、メンバーに積極的にフィードバックを行う
- 協調し合い、ベストプラクティスを提供する

　そして、アリアンツは人事組織戦略上最重要視する〝インクルーシブ・メリトクラシー（包摂的実力主義）〞が組織文化に根付いているかどうかについて、数値で計測する独自の目標達成指標としてIMX（Inclusive Meritocracy Index）を設定している。IMXは定期的に経営レベルの会議体で定点観測され、経営陣の強いコミットメントのもとでKPI達成度の確認と改善アクションの取組みが議論されている。

■ 人的資本経営の主要KPIと達成のためのアクション

　アリアンツ「People Fact Book 2021」は国際標準ISO 30414準拠の人的資本開示レポートだけあり、人的資本経営の多岐にわたるテーマを数値によってKPIの達成状況と主要施策が詳細に記載されている。本項では、人的資本経営の主要3テーマ（ダイバーシティ＆インクルージョン、人材育成、エンゲージメント）における主要なKPIと達成のための主なアクションについて紹介する。

　［ダイバーシティ＆インクルージョン］

- 主要KPI：2021年実績
  女性比率：全世界社員の52％、マネージャーの39％、取締役の27％
  全社員の35％が35歳以下

- 2024年末までの目標

取締役の30％を女性に、採用プールの50％を女性に、すべての組織で35歳未満の社員を最低25％配置

- 達成のための主なアクション

ダイバーシティ＆インクルージョンポリシーの制定

グローバルなハラスメント禁止・差別禁止ポリシー（Global Anti-Harassment and Anti-Discrimination Functional Guideline）の制定

ジェンダー、障がい、国籍、年齢、性的志向など、主要ダイバーシティで新たなグローバル目標を設定

ジェンダー平等の度合いを評価するEDGE認証（世界経済フォーラム認定）に、68の部門やグループ企業が参加（社員数ベースでは参加率80％）

ジェンダーとLGBTQ＋をサポートする社員ネットワークグループに加え、エスニシティ／カルチャー、年齢、ハンディキャップのある社員をサポートするグループを設立

［人材育成］

- 主要KPI：

社員1人あたりの研修受講時間34.7時間。前年比4％増

Allianz U（Allianz University；対象136,000名）40％の社員が利用登録。視聴回数54万回。

グローバルなラーニングプラットフォームの整備が終わり、これからは戦略的アップスキル、リスキルに優先順位が置かれる

2021年末までに14,213人がスキルアップを証明する専門資格を取得

LinkedIn Learning登録者は69,534名、社員の48.3％。視聴合計時間19万6千時間、1人あたり平均6時間18分

- 達成のための主なアクション
  Allianz U、Degreed社のシステムを採用し、初のソーシャルラーニングプラットフォームを全社員向けに展開
  2020年よりグループワイドのリーダーシップ開発プログラム「#lead」を実施、修了者に「Allianz Leadership Passport」を発行
  LinkedIn Learningを通じたeラーニングを提供

［エンゲージメント］
社員の声を聞き、ハイパフォーマンスカルチャーを醸成するため、Allianz Engagement Survey（以下、AES）を2015年より継続して実施している（AES回答率は82％）。

- 主要KPI：
  IMIX：Inclusive Meritocracy Index（企業文化変革の主要指標）は、2015年の68％から向上傾向が継続し、2015年比10％増の78％
  WWi＋：Work Well Index（メンタルヘルス、ウェルビーング関連指標）は、2015年比4％増の69％
  EEI：Employee Engagement Index（従業員エンゲージメント）は、2020年比2％低下するも76％で過去2番目の好成績を記録
  Managerial Effectiveness（マネジメントの有効性）：86％
  Top Management & Strategy（トップマネジメントと戦略）：72％

- 達成のための主なアクション
  AESで導き出された課題に対し、ボトムアップで解決策を探っていく仕組みである
  「Allianz VOICE」や「スーパーチーム」コンセプトを世界の拠点やグループ会社で展開

CASE 2 | 「Human Resources Report 2021」

ドイツ銀行

■ 経年によるHRレポートを比較してみる

　ドイツ銀行は2019年、世界の先頭を切ってISO 30414国際標準ガイドラインのエッセンスを反映した人的資本経営に関する詳細なレポートを社内外のステイクホルダーに開示した。そのレポートの投資家からの評価がいかに高かったかについては、同レポート公開後の同社株価が持続的に向上した[1]という事実が如実に物語っている。同社のHRレポートの質の高さは、その2年後の2021年版においてさらにグレードアップしている。

　欧米において、人的資本の情報開示は経営戦略の重要な要素となっていることはもはや論を俟たない。そして日本においても経済産業省が2022年5月に発表した「人的資本経営の実現に向けた検討会」の報告書、いわゆる人材版伊藤レポート2.0の中で、「経営戦略と人事戦略を連動させる取組」は第1章に位置付けられ、最重要テーマとして記されている。

　では、世界の先例となるドイツ銀行の当該テーマについて、2019年版と2021年版の比較を行いながら、それがどのように経営に重要度を増してきているかを確認してみることにしよう。

　まず、外部環境に対する経営陣の認識を比較してみる。2019年当時、ドイツ銀行は既存のビジネスモデルが足元から大きく揺るがされるFintech（Financial Technology）の大きな脅威と、経済のさらなるグローバル化という機会が広がっていた。それが2021年時点では、デジタルテクノロジーが一層の広がりを見せる一方、経済環境面では、ESG要

---

[1]「Human Resources Report 2019」の公開から2年近くの2022年2月11日に株価がピークを迎えたが、同年2月24日のロシアによるウクライナ侵攻という特殊要因により一旦ピークアウトした。

素に加えてEU域内経済重視の傾向が強まり、同行の経営に大きな影響を与えるに至った。すなわち、この2年の間に、経営戦略策定の前提となる外部環境が、すっかり変わってしまったのである。

[2019年版]
- Fintech（Financhial Technology）の進化
  ビジネス機会はグローバルに広がっている
  ビジネスにおけるESG要素の重要性の高まり、とくに人的資本は競争力の源泉

[2021年版]
- デジタルテクノロジーのさらなる進化
  AI、機械学習、データサイエンスをキーテクノロジーとして、クライアントへの付加価値提供と、自社業務コストの効率化の同時達成を目指す
- 持続可能な経済への移行と、地域内最適化
- ESGファイナンシングの急速な成長

かかる外部環境の激変の下、ドイツ銀行経営陣は、どのような経営戦略を策定したかを見てみよう。大規模リストラを宣言した2019年からその後2年弱の間で進めてきたリストラクチャリングの克服を高らかに宣言し、ダイナミックかつポジティブな経営戦略の進化が垣間見られる。

[2019年]
過去の非効率な金融ビジネスと決別してDX化を推進するため、組織と人材の大胆なスリム化と優秀な人材の確保・育成を通じて、高収益企業へ生まれ変わる。

［2021年］

ビジネスモデルのトランスフォーメーションを終え、持続可能な成長の段階へ進化。グローバルメインバンク（"Global Hausbank"）として、顧客のより**持続可能な経営とDXへの移行を加速**。

そして、経営戦略に連動する人材戦略の力点の置き所についてこの2年の変化を比較すると、人材に求める"優秀さ"が、より具体的に記載されていることがわかる。

［2019年］

スリムで革新的な体制の構築のために、大規模リストラの断行と社員のDX化（＝リスキリング）、そして優秀な人材の確保・育成に取り組む。

［2021年］

ポストコロナ時代の持続可能な成長のために、いかにコラボレートし、いかにリードし、いかに学ぶかを模索していく。自主的に学び、新たな仕事を作り出すことができる人材を育成していく

以上のように、2021年版のレポートを2019年版と比較することで、ドイツ銀行が人的資本経営を未来に向けてどう進化させていくのか、そのダイナミックな構想が理解できる。

今後ドイツ銀行は、ESG全盛時代、ポストコロナ時代を反映して、"持続的"かつ"自律的"な個々人の成長を通じて、新たな仕事を創造し、その総和としての企業価値を創造しようとしているのである。

■ 持続的に進化を続けるデータドリブンHCM

2019年版レポートの時点で、すでにドイツ銀行はデータドリブンな人的資本経営の高度化に取り組んでいた。元来、データを活用したビジ

ネス領域においては、金融領域にしてもマーケティング領域にしても、「蓄積したデータこそが"宝の山""油田"のようなものだ」と喩えられることが多い。HRテクノロジー領域においても全く同様であり、ドイツ銀行は中長期的な経営改革の大きな打ち手として、データドリブンHCMプラットフォームへの大型投資を行った。その成果の一部が、2021年版のレポートで大きく取り上げられている。

本事例では、コロナ禍という未曾有の外部環境下でドイツ銀行が経営陣の強いコミットメントの下で強化した「定期的な対話」について、データに基づくマネジメント施策の検証結果と、その結果として生じた成果について紹介する。

本施策を検討するにあたり、ドイツ銀行の経営陣はリモートワークを余儀なくされる経営環境下で、いかにして

・従業員との絆を強め、

・人材育成を推し進め、

・従業員の具体的な改善提案や要望を引き出すか、

という課題に対して多くの議論を重ねた末に、従業員との「定期的な対話」への投資を強化するとの結論に至った。

具体的には、従業員フィードバックや相互承認を支援するツールとサーベイ等の仕組みへの投資である。

[フィードバックツールの提供]

Anytime Feedback：同僚の貢献に対してフィードバックを提供できるツール

Get Feedback：社員が上司や会社に対してフィードバックを求めることができるツール

［サーベイ］

社内でのフィードバックの状況を確認するFeedback Culture Survey
を四半期ごとに実施して、フォードバックカルチャーの進展度を確認し
ている。その結果は、取締役会（Management Board）のバランス・ス
コアカードに組み込まれ、取締役の業績評価に反映される。

［相互承認ツール］

社員同士で承認し合うためのツールdbRecognition platformの活用を
開始する。これは、同僚の仕事への協力に感謝したり、栄転した社員に
e-Cardを送るなど、相互承認を行うためのツール。スタート3カ月で1
万6,000通のメッセージが送信された。

　ドイツ銀行は人的資本経営において重視する成果指標として、従業員
の「コミットメント」「能力開発（イネーブルメント）」「自発的な意見」
の多さをあげているが、「従業員同士の対話」を増やすことによって、
この3つの重要成果指標のいずれも2桁のポイントアップを達成してい
る。

　このように、「従業員同士の対話」への投資とその活動の推進の効果

図表事例2-1 ツール導入後のインパクト（単位：%）

	コミットメントへの インパクト	従業員の能力開発 へのインパクト	自発的な意見（対組 織）増加インパクト
従業員が受け取った フィードバック数	+17	+22	+21
従業員から求めた フィードバック数	+22	+26	+29
周囲の仕事相手から 仕事ぶりを感謝された数	+16	+19	+19
ミーティング 参加率	+20	+27	+27

出所：ドイツ銀行「Human Resources Report 2021」46ページを筆者和訳

は如実に発現し、ドイツ銀行の組織文化である“フィードバックカルチャー”の醸成に大きく寄与している。

■ ドイツ銀行における人的資本経営のコア要素

「Human Resources Report 2021」は68ページに及び、多くの事実や数値による説明と“物語（ストーリー）”が各論で語られ、読み応えのあるものとなっている。このレポート全体を通底する、彼らの人的資本経営の中核になる思いがレポート冒頭のクリスチャン・セウィングCEOと、マイケル・イーガー　グローバルCHROのメッセージに表れている。

クリスチャン. セウィングCEO

当社がトランスフォーメーションの段階から持続可能な成長の段階へと成功裏にシフトできるかどうかは、多様性豊かな人材の成長と育成にかかっている。そこで当社では、いかにコラボレートし、いかにリードし、いかに学ぶのか、その方法の改善に注力している。そのためには、よく考えられたピープルマネジメントが必要なのである。

マイケル・イーガー Global Head of HR and Real Estate

当社では、ラーニングにはあらかじめ定められた道筋があるというよりは、今後ますます非体系的なものになっていくと考えている。当社のラーニングカルチャーもまた、毎日時間を確保して自ら学んだり、お互いに学び合うようなものへと変わっていく必要がある。

当社は人材戦略を、“Where”重視から“How”重視へとシフトさせたいと考えている*。そのためにはどのようなリーダーシップやコラボレーション、学習が必要なのか、といったことが今後の課題

だ。社員に仕事を依頼するのではなく、社員に仕事を創り出すことを促す（そこにははっきりした所属感や目的意識、"Why"にフォーカスすることが伴う）ように考え方を進化させる好機なのである。

＊勤務地やポジションなど、上から与える従来型の人材配置の枠に必ずしも縛られることなく、社内ネットワークを活用し、コラボレーションや学習を通して、社員が自律的に顧客ニーズに柔軟に対応していくことができるメソッドやツールを人事として支援していく、とする考え方。

両者のメッセージの要点は以下のとおり。
- ポストコロナの時代に、いかにコラボレートし、いかにリードし、いかに学ぶのかを模索していく
- 持続可能な成長のために、自主的に学び、仕事を創り出すことができる人材を育成していく
- その営みは（数値に基づく科学的アプローチを前提として）、よく練られたものである必要がある

両者のメッセージに共通するコア要素は、強い"人材育成"へのこだわりである。そして、不確実性の高いビジネス環境下において持続的に成長するために、ラーニングカルチャーを醸成しながら個々人に強く変化を促している。

■ ドイツ銀行"開示戦略"から読み取れる日本企業への示唆

ここから世界のお手本となるドイツ銀行「Human Resources Report 2021」の投資家向け"開示戦略"から日本企業が学べることを3つの観点から整理し、企業価値向上を目指す人的資本"開示戦略"策定への示唆を行う。

（1）「リスクと機会」の観点

2021年を取り巻く外的環境と自社の経営戦略の中でどの人的資本の取組みを強化すれば、どれくらいの効果や成果があがるかについて、「機会」の要素をより重点的に説明している。

（2）「比較可能性」の観点

投資家向けに比較可能性を開示する手法としては、2つのオーソドックスなパターンがある。

1つには、自社の過去を鏡として現在の自社の状況を比較し、未来を語っていくという手法である。

そしてもう1つは、競合企業が開示している測定基準を積極的にベンチマークし、同様の測定基準を開示するという手法である。この点において、2021年版で競合に先駆けて人的資本の生産性について、自社の過去のデータと比較して時系列で開示していることは特筆できる。すでに同社が準拠しているISO 30414の「人的資本の生産性」の計算式を使うと、簡単に他社と比較することができる（国際会計基準のIFRS基準に基づく財務情報の開示を行っている企業との比較が可能）。

（3）競合差別性がある「独自の価値評価」の具備の観点

エンゲージメント向上のために、リーダーシップモデルを改定しつつ、合わせて「定期的な対話」への投資を積極化させ、独自の価値評価指標をもとに目標となる成果指標のエンゲージメントスコアを着実にアップさせている。

CASE 3 │ 「Human Capital Report 2020」

ベライゾン

■ 経営・組織・人材戦略の進化の系譜

　2019年、米国の大手電気通信事業者ベライゾンは5G時代に向けて大規模なリストラクチャリングを実施し、「Verizon 2.0」と銘打った経営戦略を発表した。通信業界では5〜10年おきに大きな技術革新が起こるといわれている。5G時代の到来を予期したベライゾンの経営陣は、長年にわたって有線・無線の2つの事業部に分かれていた組織を、顧客セグメント別の複数事業部へと再編・抜本的改革を断行し、同時に人員削減を実施した。また、財務面では米国GDP成長率を越える成長率を目指すこととした。

　同時に、以下のような消費者向けブランドメッセージ、企業が目指すパーパス（理念/目的）を打ち出した。

- 消費者向けブランドメッセージを「Trust & Innovation」に、
- 企業パーパスを「We create the networks that move the world forward」に刷新

　人事戦略については、2019年以降、各年ごとの事業戦略全体の中で注力テーマが設定されている。

- 2018-19年のリストラ時：「人員の刷新、成長へのマインドセット醸成」
- 2019-20年：「リスキリング、そしてAIのハブへ」
- 2020-21年：「人材が働きたい会社、人材から選ばれる会社（Preferred Place for Talent）」

■ 人的資本についての３つの基本原則

　ベライゾンの社員（V-Team）は、ネットワーク構築、店舗やオンラインでの顧客対応、間接部門での支援業務など、日々の業務はバラバラであっても、企業パーパス「世界を前進させるためのネットワークを作り出す」のもとで一致団結している。そして、人的資本について、以下の３つの原則を掲げて事業成長とイノベーションを加速させ、「選ばれる企業（Employer of Choice）」を目指している。

　　1．Attract：最高の人材を獲得する
　　2．Develop：社員のポテンシャルを最高に引き出すよう人材開発を
　　　　行う
　　3．Inspire：キャリアを構築していくよう社員を勇気づける

■ 人的資本経営のKGIと実現のためのアプローチ

　ベライゾンが掲げる人的資本経営の目標測定指標（KGI）は、2019年から導入している「従業員エンゲージメント」である。当該指標の測定方法はギャラップ社との共同開発によるエンゲージメントサーベイ「VZPulse＋」を採用している。

　2020年の結果は、ギャラップ社の従業員エンゲージメントサーベイ[1]を採用する企業全体において「トップ25％」となった。そして、2024年には「トップ10％」入りを目指すことを宣言している。

　この高い目標を実現するために、ベライゾンは次のようなアプローチを採っている。

---

[1] フォーチュン500企業の90％に採用されるギャラップ社の従業員エンゲージメント・サーベイの従業員エンゲージメント・データベースには3,500万人分の回答が蓄積されている。

（1）パーパス浸透

ベライゾンが掲げる企業パーパス「世界を前進させるためのネットワークを作り出す」を従業員一人ひとりに強く意識付けるために、独自の価値向上のための仕組みである「従業員価値提案（Employee Value Proposition）」制度を2020年にリリースした。同制度では、「世界を前進させるヒトのネットワークに参加しよう」と呼びかけて、従業員からの積極的なパーパス実現のための価値向上のための提案を募っている。

（2）人材開発

［インプット］

- 総投資額：2020年2億360万ドル→2021年1億8,550万ドル
- 人材教育のための基盤「Verizon Learning Portal 2.0」を全社員向けに整備
- 授業料援助プログラム：指定校の高等教育授業料を年間8,000ドルまで会社が負担

［アクティビティ］

- Verizon独自のアップスキリング、リスキリング研修プログラム「SkillUp」（2021〜）を社員約10万人に提供
- Learning Portal 2.0のコンテンツは、Harvard ManageMentor、LinkedIn Learning、Pluralsightなどからキュレートして提供。個人が学習履歴や学習目標を設定したり、業務上必要な資格を取得することもできる
- 「SkillUp」（2021〜）では、セールススキル、カスタマースキル、データサイエンス、5G技術、AIなどを扱う。VR、AR研修、バーチャル講師による研修など、テクノロジーも活用

［アウトプット］

授業料援助プログラム利用者数

- 2020年8,800人
- 2021年6,800人

（3）ダイバーシティとインクルージョン
［インプット］
- 女性、有色人種、LGBTQ+、障がい者、軍人等10の多様な社員グループ活動（ERG）を支援
- 会社と社員のコミュニケーションチャネルに投資増額
- 2020年に株式報奨制度「Stock Together」を導入
［アクティビティ］
- リーダーシップランク内の女性と有色人種比率アップ
- ERGはキャリア開発、顧客対応、地域社会への働きかけ、インクルーシブな文化の醸成を目指して活動
- コロナ禍のリモートワーク状況で、会社の情報や動向を伝える動画ニュース「Up to Speed」を毎日制作配信
- 人事部への支援を要請できるメールボックス「Ask Christy」、内部通報窓口「Verizon Ethics Hotline」開設
［アウトプット］
- 性別、人種、エスニシティで給与額の100％の平等を達成
- 2020年に、社内外の諸問題についてオープンに話し合う「Courageous Conversations」という社員集会を130回以上開催
- 2020年に、株式報奨制度「Stock Together」で7億6,000万ドル相当の制限株式を交付
- 2020年に、企業健康保険制度で社員およびその家族、退職者51万人の医療費を負担

CASE 4 ｜「統合報告書 2021」

小林製薬

■ 自社固有の強みの源泉と経営戦略とのつなぎ込み

　2000年代より、小林製薬はグローバル化の本格展開による新たな成長戦略を志向し、果断な経営改革を進めてきている。具体的には、創業以来の事業であった卸事業と医療機器事業を売却し、メーカー事業に経営資源を集中する、という事業ポートフォリオの組み替えの推進だ。

　その結果、営業利益率を飛躍的に向上させ、その後の成長戦略としてM＆Aを積極的に組み合わせながら、海外展開を加速していったのである。そのような背景を踏まえ、同社が情報開示した「小林製薬統合報告書2021」において、自社のメーカー事業としての競争力がどのような固有の強みのもとで維持強化されているかを見てみよう。その全体像は、同報告書の4〜5ページ「ビジネスモデル」に整理されている。

　[経営戦略の方向性]

　メーカー事業として高い営業利益率を維持しつつ、持続的成長を導くために、2つの経営戦略の要素を組み合わせていることが特徴的である。

　① ターゲット市場の選択：「小さな池の大きな魚」戦略
　② 商品開発力：“あったらいいな”開発

■ 小林製薬のビジネスモデル

価値創造プロセス

ビジネスモデル ～お困りごと解決のために～

2つの戦略と目指すKPI

強みの源泉

新製品の
アイデアを生み出す
仕組みと人材

自由闊達な
企業風土

わかりやすさに
こだわる
マーケティング力

戦略① 「小さな池の大きな魚」戦略

小さな池＝10億円市場

小さな池では競合が少ない。
高いシェアを獲得でき、高い利益を獲得できる。

小林製薬が
狙うのは、
「小さな池の大きな魚」
すなわち
「ニッチ戦略」

シェア
50%
=
5億円の売上

大きな池＝100億円市場

みんなが釣りに来るので、大きな池は競争が激しい。
同じ売上高でも高い利益が得られない。

小林製薬が
目指さない
市場

シェア
5%
=
5億円の売上

価値創造の基盤 持続的成長に

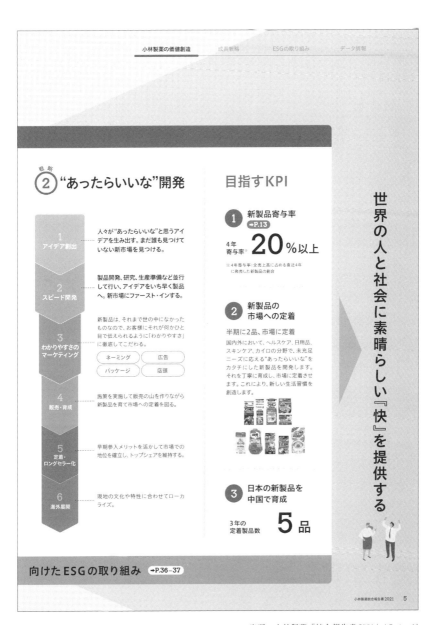

出所：小林製薬「統合報告書2021」4-5ページ

[経営戦略を実現するための"自社固有"の強みの源泉の特定]
　同社が選択する戦略オプション実現に求められる要件としては、

- "小さな池"としての市場に対する洞察力
- "あったらいいな"を単なるアイデアから製品に素早く落とし込む技術力
- "大きな魚"（＝市場のトップシェア獲得）となるためのマーケティング力

が想定され、それらを実現するためには、人と組織の3つの要素こそが強みの源泉であると位置付けている。

- 市場洞察力→新製品のアイデアを生み出す仕組みと人材
- 製品開発力→自由闊達な企業風土
- マーケティング力→わかりやすさへの徹底したこだわり

■ 人的資本関連KPIと実現のためのアプローチ

　次に、人材戦略への落とし込み内容を確認してみよう。ここでは、最重要施策のうち、「自由闊達な企業風土」の維持強化を取り上げる。

　同社では、前述した自社固有の強みの源泉の維持強化こそが経営戦略実現のための最重要課題であるとの認識のもと、企業風土の強化を事業のバリューチェーンの"土台"として位置付け、創意工夫あふれる"小林製薬"らしいユニークな諸施策が実行されている。

　人材戦略上の土台として位置付ける企業風土は目に見えるものではなく、可視化が難しいという特性を持つ。同社では関連施策の効果検証のため、従業員満足度調査を定期的に実施し、競争力の源泉としての企業風土の維持強化の度合いを検証するKPIとしてセットしている。具体的には、2021年時点で達成を目指している中期経営計画における主要KPIとして、質問項目のうち、

　①「従業員の働きがい（誇り）」

②「仕事を通じて成長を実感することがある」

③「心身ともに良好な状態で働けている」

の3つのスコアを注視している。

　また、投資家向け業績ハイライトのコーナーで主要財務情報と並ぶ形で、「非財務情報」としての人的資本関連KPIがわかりやすく整理されている。

　さらにそのページでは、働き方改革やダイバーシティ推進の成果指標等の人材関連KPIのすぐ近くに、製品開発におけるKPI（年間アイデア提案数、ブランド数、新製品寄与率）を併記している点が特徴的である。このレイアウトによって、同社独自の人的資本経営上の取組みが事業成果につながっているかを一覧で概観できる。

■ 非財務情報の主要KPI

オペレーションハイライト

非財務ハイライト

環境　豊かな自然や地球環境を守る

CO₂排出量　Scope1,2（国内外グループ）

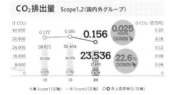

2020年は生産減に伴いエネルギー使用量が減少したことに加え、国内主要工場である仙台小林製薬の電力をCO₂排出ゼロ電力に切り替えたことでCO₂排出量が削減でき、売上高原単位が改善しました。

廃棄物排出量

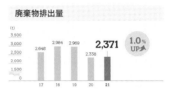

一部工場で生産数量の増加により廃棄量が増加しました。

人材　従業員価値及び企業価値の最大化を目指し「働き方改革」に取り組む

総実労働時間※

「成果のために、かける時間は惜しまない」という考え方・働き方から脱却し、役割や労働時間に見合った成果・付加価値を追求していくマネジメントへと移行しています。より効率的な「仕事の進め方」を実現することで、労働生産性を向上させています。

※ 年間所定労働時間 ＋ 時間外時間 − 年次有給休暇取得時間

有給休暇取得率

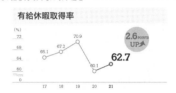

効率的な働き方は、時間の創出などによってプライベートのさらなる充実に寄与し、より良い会社生活を送る基盤となります。2020年はコロナ禍の外出自粛による休暇の取得ニーズ減により、取得率が減少しましたが、一人ひとりの「持続的な労働意欲や働きがい」を引き出し、企業としての競争力を高めるべく、引き続き取得を推奨していきます。

製品開発におけるKPI　"あったらいいな"を生み出す

年間アイデア提案件数

約**56,300**件

新製品アイデア
約**38,700**件

業務改善アイデア
約**17,600**件

1982年から40年間続く「アイデア提案制度」は"全従業員参加型経営"の具体策の一つです。職種や社歴に関係なく全員参加で、新製品や業務改善について日々提案しています。新製品アイデアの中には大ヒット製品に成長したものが数多くあります。

小林製薬の価値創造 　　成長戦略　　ESGの取り組み　　データ情報

水資源使用量／排水量

253,854 22.2% UP

79,245 5.6% UP

(t)
300,000
200,000
100,000
0

206,010　240,105　221,282　207,660

74,845　90,005　80,273　75,049

17　18　19　20　21

■ 水資源使用量　■ 排水量

流水器による使用量の管理、純水装置の水再利用等を実施しましたが、一部工場にて融雪、凍結防止のため流水使用が増加したこと、水を多量に使用する製品の生産数増加により使用量、排水量ともに増加しました。

リサイクル量／リサイクル率

99.9 0.1 POINTS UP

2,368

(t)
3,500
3,000
2,500
2,000
1,500

2,614　2,959　99.8　99.8

96.7　99.2　2,964　2,335

17　18　19　20　21

(%)
100.0
99.5
99.0
98.5

■ リサイクル量（左軸）　○○ リサイクル率（右軸）

リサイクル率は99.9%と高い水準を維持できました。今後もサーマルリサイクルからマテリアルリサイクルへのシフトをさらに進めていきます。

育児・介護を理由とする離職者数

±0%

(人)
5
4
3
2
1
0

3

1

0　0　**0**

17　18　19　20　21

育児・介護との両立支援施策のさらなる充実を図るだけでなく、その施策を利用できる対象を拡大することで、「誰もが使いやすい、柔軟な勤務制度」の整備に取り組んでいます。これにより、離職者数減を継続しています。

女性管理職比率※

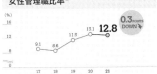

12.8 0.3 POINTS DOWN

(%)
16
12
8

9.1　8.6　11.5　13.1

17　18　19　20　21

女性活躍の一つの指標として、2022年（2023年1月末時点）の女性管理職比率16%を目標としています。ジョブローテーションやキャリアアップにつながる研修などを実施し、女性のステップアップを推進しています。

※ 翌年1月末の数値

ブランド数

155ブランド

1,012SKU※

※ SKU：Stock Keeping Unit

「小さな池の大きな魚」戦略と"あったらいいな"開発で、年間約30個の新製品を上市し、それまでになかった新市場を創造しています。今までにない製品は価格競争になりにくいため、高い営業利益率を得ることができます。

新製品寄与率

11.2 0.9 POINTS DOWN

(%)
30
20
10

20.2　22.8　21.0　20.2　16.3　12.1

16/3　16/12　17　18　19　20　21

近年は、製品開発の初期段階で市場性を見極めています。新製品発売基準を下げることなく、世に送り出す製品をより多く開発し、その上で新製品4年寄与率※を20%以上に引き上げることを目指しています。

※ 4年寄与率：全売上高に占める直近4年に発売した新製品の割合

出所：小林製薬「統合報告書2021」12-13ページ

■ 統合報告書に掲載されたトップの声

［伊藤邦雄社外取締役と小林章浩代表取締役社長との対話］

　「小林製薬統合報告書2021」において興味深い対話が掲載されている。「人材版伊藤レポート2.0」を取りまとめた伊藤邦雄一橋大学名誉教授・小林製薬社外取締役と、小林章浩代表取締役社長との対話である。その主なやりとりのうち、今後の人的資本開示の内容を考えるうえで示唆に富むやり取りをいくつか紹介する。

伊藤邦雄社外取締役からの質問／意見／課題指摘／要望	小林章浩代表取締役社長の回答／決意表明
小林製薬らしい社会貢献のかたちとは何か？　社会課題という視点では、まだ足りていない、解決されていないことが多い。 独自の製品開発で"あったらいいな"に応えていくことをビジネスモデルとする小林製薬は、社会課題解決型企業と言える。小林製薬の従業員の皆さんのフレキシブルなアイデアで社会課題の解決に取り組んでいってほしい。	伊藤取締役が参加した数年前のアドバイザリーミーティングから社会課題の解決と事業の統合化の重要性を認識している。 例えば「糸ようじ」の場合、虫歯を減らすことによって、健康寿命の延伸という社会課題に貢献している等、小さくても一つひとつが CSV なんだということを実感するように意識している。
小林製薬はやると決めたらそこからはすごく早く、精力的にやるので、その点も素晴らしいと思う。やっぱり小林製薬の良さは変化対応力である。	小林製薬の従業員はみんな非常にチャレンジ精神が高いので、新しいことをはじめるとなるとさまざまなアイデアが出てくる。そんな従業員のパワーをいかに経営に活かすか、またさらに伸ばしていくか、人材育成の重要性がますます増している。
2020年9月公表の「人材版伊藤レポート」では、なかんずく経営戦略と人材戦略のマッチングの必要性を強調した。中長期の戦略を立てた時に、現有の人材とのギャップを見える化し、リスキル、つまり新たなスキルや技術を習得してもらうための施策に着手することが重要になる。	このレポートは大変参考にさせてもらっている。今の大きな方針は「国際ファースト」なので、やはりそれに見合った人事制度、採用や育成プランを立てる必要がある。制度変更については現在計画中で、少し柔軟な形、試行錯誤しながらつくりあげるような形を目指している。採用に関しては、新たに動きはじめているデジタル戦略の加速に必要な人材がなかなか採用できていないので、さまざまな形を探っていかないといけないと考えている。

2021年のコーポレートガバナンス・コード改訂でも、人的資本への投資と開示が加わり、かなり強調されている。人的資本にどこまで投資できるか、そして、どこまで情報開示するのか、の判断のために財務と人事の責任者の相互理解が欠かせない。さらに社長が個々の対話を促すとよい。人的資本は、やはり個々人の個性だとか潜在能力が花開くようによく見ていないといけない。その上でお金を投ずるべきところにはしっかり投じていくことが人的資本経営だと考えている。小林製薬はこれができる会社だと思っている。

十分な教育を行うこと、機会を提供することで優れた人材を育てる。従業員に成長を実感しながら仕事をしてもらい、小林製薬にいて良かったと思ってもらう。そういう大きな構図を描かないといけない。企業と従業員との関係性について、少しイメージができた。

（小林製薬『統合報告書2021』50-55ページを筆者まとめ）

[ESGのS（社会）へのトップメッセージ]

「小林製薬にとって、『人材育成』は特に注力すべきテーマの一つです。なぜなら、新製品アイデア創出の源泉は『人材』にあるからです。そのため、小林独自の人材育成モデルの構築を目指して、現在は、『成長対話』と呼ぶプログラムに取り組んでいます。このプログラムでは、上司と部下が1対1で面談し、どんな風になりたいか、どこに本人の成長課題があるか、それらを受けてこの半年でどんな活動をするべきか、ということを話し合います。自由に話し、ともに考えることで、成長スピードを高め、成長を感じてもらうだけでなく、さらには、会社への貢献や社会への貢献をも実感してもらうことが私の願いです。

　加えて、ダイバーシティも小林製薬にとって重要なテーマです。この言葉が世に広まるはるか前から、私たちは多様な人達の多様なアイデアを源泉にして新製品を開発することで成長を実現してきました。誰もが自由に、こうしてはどうか？こんな製品を発売しては？と、アイデアを出すことが重要で、そのために、風通しがよく発言しやすい風土をつくってきました。役職に関わらず、みな公平に名前に「さん」付けで呼び合うなどもその1つです。これまでの良い慣習を組織が大きくなっても維持すべく気を配っていきます。また、特に女性の従業員が抱える

問題として、出産・育児でキャリアが中断され、管理職などへのステップアップを断念してしまうということがあります。それを解消するために、女性にはより良質な経験をしてもらえるようなジョブローテーションを進めたり、キャリアアップにつながる研修を開催したりしています。出産や育児の経験は、男女問わず、会社の仕事では決して得ることのできない成長のチャンスであり、新たなアイデアのヒントを得る機会でもあります。さらに、当事者だけでなく、組織としても物事を効率的に進める体制づくりにもつながります。ライフイベントによってやりたい仕事をあきらめることなく、誰もがイキイキと働ける環境を整えていきます。」（小林製薬『統合報告書2021』18ページからの抜粋）

謝　辞

　一般社団法人HRテクノロジーコンソーシアム初の著書『経営戦略としての人的資本開示』の出版から半年足らずで、続編にあたる本書を無事に出版することができたことに心から喜びを感じています。1年足らずで2冊の「人的資本開示」専門書籍を出版できた大きな原動力は、「人的資本」のありようが企業価値の向上に直結する、と考える政治・経済・学会のリーダーが増えたことに尽きます。

　本書は、いよいよ2023年から本格化する人的資本開示競争において、本気で人的資本経営と開示に取り組むリーダーである読者の皆様の〝実践〟に役立つことを心がけて執筆を進めました。
　本書に記述した日本版人的資本開示ルールの詳細な解説、開示への備えの実践的かつ具体的なアプローチ方法、そして学際をまたいだ学術的知見の数々が、読者の皆様の所属する企業の企業価値向上につながることを祈念しております。

　本書を締め括るにあたり、「人的資本の開示」をメインテーマとした書籍の続編刊行に多大なる尽力をいただいた根本浩美様と株式会社日本能率協会マネジメントセンターの皆様、株式会社カーツメディアワークス村上崇代表取締役に、この場を借りて厚く御礼申し上げます。

　また、今回の執筆においては人的資本開示ルール整備の議論が同時進行で進んでいたため、極めて限られた時間のなかで政策当局の動向や資本市場関係者の認識に関する正確な情報を収集する必要がありました。

　まず、政策当局における最新の議論の動向を把握するにあたっては、

内閣官房新しい資本主義実現本部にて政策立案を担当された皆様、金融庁企業開示課の皆様にはご多用ななかにもかかわらず、面談のお時間を割いていただき誠に有難うございました。面談に際しては人的資本開示項目の検討状況、立法趣旨、狙い等について正確な情報と貴重なご意見をお聞かせいただき、誠に有難うございました。

　次に、資本市場の有識者として、人的資本開示の新たなルールに対する深い洞察と企業経営者、ESG情報開示部門への貴重な提言をお聞かせいただいたニッセイアセットマネジメント林寿和様、みずほフィナンシャルグループ日本投資環境研究所客員研究員　藏本祐嗣様、日経グループQUICK中塚一徳様にはこの場を借りて御礼申し上げます。

　そして、日々ご多忙にもかかわらず、精力的に執筆・推敲を進めていただいた山形大学岩本隆教授、東京大学大木清弘准教授、東京都立大学浅野敬志教授、日清食品株式会社社外取締役中川有紀子様、株式会社パナリット小川高子様、トラン・チー様、一般社団法人サステナビリティコミュニケーション協会安藤光展代表理事、一般社団法人HRテクノロジーコンソーシアム民岡良理事、中島夏耶主任研究員の方々に、衷心より感謝申し上げます。

　2022年10月

　　　　　　　　　　　　一般社団法人HRテクノロジーコンソーシアム

　　　　　　　　　　　　　　　代表理事　香川　憲昭

執筆者略歴

香川 憲昭（かがわ のりあき）

一般社団法人HRテクノロジーコンソーシアム代表理事。京都大学法学部卒業。KDDI新規事業開発部門を経て、ドリームインキュベータに参加し、経営コンサルティング及びベンチャー投資業務に従事。2007年にJINS執行役員として経営企画室長、店舗運営責任者、総務人事責任者を歴任し、東証プライム（旧東証一部）昇格に貢献。2014年にGunosyに人事責任者として入社し、東証グロース（旧東証マザーズ）上場を果たす。2017年より株式会社ペイロール取締役に就任し、営業・マーケティング部門統括及びHRテクノロジー分野の新規事業開発を陣頭指揮。2020年9月より一般社団法人HRテクノロジーコンソーシアム代表理事に就任し、現任。ISO 30414リードコンサルタントとして、国内大手企業の人的資本開示戦略策定、成長企業向け人的資本経営コンサルティングを実施中。第1章、第5章、第6章1,5節、事例編執筆。

岩本 隆（いわもと たかし）

慶應義塾大学大学院経営管理研究科特任教授、山形大学学術研究院産学連携教授。東京大学工学部金属工学科卒業。カリフォルニア大学ロサンゼルス校（UCLA）工学・応用科学研究科材料科学・材料工学専攻Ph.D.。日本モトローラ（株）、日本ルーセント・テクノロジー（株）、ノキア・ジャパン（株）、（株）ドリームインキュベータを経て、2012年6月より、慶應義塾大学大学院経営管理研究科特任教授。2018年9月より山形大学学術研究院産学連携教授。（一社）ICT CONNECT 21理事、（一社）日本CHRO協会理事、（一社）日本パブリックアフェアーズ協会理事、（一社）SDGs Innovation HUB理事、（一社）デジタル田園都市国家構想応援団理事、「HRテクノロジー大賞」審査委員長などを兼任。2020年10月に日本初のISO 30414リードコンサルタント／アセッサー認証取得。第1章、第4章執筆。

安藤 光展（あんどう みつのぶ）

サステナビリティ・コンサルタント。一般社団法人サステナビリティコミュニケーション協会 代表理事。専門は、サステナビリティ経営、ESG情報開示。「日本のサステナビリティをアップデートする」をミッションとし、上場企業を中心にサステナビリティ経営支援を行う。日本企業のサステナビリティ経営推進、ESG情報開示支援、マテリアリティ特定支援、レポート/サイトの第三者評価、SDGs対応、GRIスタンダード対応、など支援実績多数。ネット系広告会社などを経て2008年に独立。以降複数の企業の立ち上げを経て、2016年より現職。2009年よりブログ『サステナビリティのその先へ』運営。著書に『未来ビジネス図解 SX&SDGs』（エムディエヌ、2022年）、『創発型責任経営』（共著、日本経済新聞出版社、2019年）ほか。1981年長野県中野市生まれ。第2章執筆。

浅野 敬志（あさの たかし）

東京都立大学大学院 経営学研究科教授。慶應義塾大学大学院商学研究科博士課程修了、博士（商学）。愛知淑徳大学ビジネス学部助教授、首都大学東京（現東京都立大学）大学院准教授・教授を経て現職。日本銀行金融研究所客員研究員、カリフォルニア大学バークレー校客員研究員等を歴任。現在、日本経済会計学会常任理事、日本経済会計学会『経営分析研究』副編集長等を兼任。研究テーマは「会計情報と資本市場」。非財務情報を含む会計情報の価値関連性、会計情報の開示選

択を資本市場の視点から定量的に研究。主な著書に『会計情報と資本市場：変容の分析と影響』（中央経済社、2018年、日本会計研究学会「太田黒澤賞」、日本公認会計士協会「第47回学術賞」等を受賞）、『ESGカオスを超えて：新たな資本市場構築への道標』（北川哲雄編著、中央経済社、2022年）等がある。第3章1-4節執筆。

中島 夏耶（なかじま かや）

株式会社パーソル総合研究所 組織・人事コンサルタント。東京都立大学大学院経営学研究科修了。博士後期課程にて「人的資本開示が企業価値に与える影響」を研究。大手調査会社において、見えざる資産の顕在化、それを活用した経営に関する調査・研究に多数参画（経済産業省「ローカルベンチマーク普及促進に向けた調査研究」、特許庁「知財評価を活用した融資の促進に関する調査研究」等）。2018年3月より現職にて人事制度改革やキャリア自律支援、次世代リーダー育成プログラム構築等数々の組織・人事コンサルティングプロジェクトに従事。修士論文「知的資産経営の効果に関する実証的研究〜知的資産経営を通じて蓄積される人的資産に着目して〜」、共著書『ミドル・シニアの脱年功マネジメント』（労務行政、2020年）。第3章5節執筆。

民岡 良（たみおか りょう）

株式会社SP総研 代表取締役。1996年慶應義塾大学経済学部を卒業後、日本オラクル、SAPジャパン、日本アイ・ビー・エム、ウイングアーク1stを経て2021年5月より現職。現在、「持続可能な働き方」を追求するためのコンサルティングサービスを提供しており、「人的資本開示」（ISO 30414）に関する取組みについても造詣が深い。日本企業の人事部におけるデータ活用ならびにジョブ定義、スキル定義を促進させるための啓蒙活動にも従事。著書に『HRテクノロジーで人事が変わる』（共著、労務行政、2018年）、『経営戦略としての人的資本開示』（共著、日本能率協会マネジメントセンター、2022年）、『現代の人事の最新課題』（共著、税務経理協会、2022年）等がある。「ビジネスガイド」（日本法令）等への寄稿、ならびに、労政時報セミナー、HR Summit、日経Human Capital、HRカンファレンス等、登壇実績多数。第6章3,4節執筆。

大木 清弘（おおき きよひろ）

東京大学大学院 経済学研究科准教授。東京大学経済学部卒、東京大学大学院経済学研究科修士・博士課程修了、博士（経済学）。関西大学商学部助教、東京大学大学院経済学研究科講師を経て現職。専門は国際経営、国際人的資源管理論。日本企業の製造業を中心に、海外子会社のパフォーマンス向上に必要なマネジメントについて、定性・定量の両面から研究を行う。また、優れた駐在員や工場長を育成するための人事施策についても研究。主な著書に『多国籍企業の量産知識：海外子会社の能力構築と本国量産活動のダイナミクス』（有斐閣、2014年、国際ビジネス研究学会「学会賞（単行本の部）」受賞）、『新興国市場戦略論：拡大する中間層市場へ・日本企業の新戦略』（共編著、有斐閣、2015年）、『コアテキスト 国際経営』（新世社、2017年）があるほか、Factory performance and decision-making authority between headquarters, expatriates, and local employees in Japanese MNCs in Southeast Asia. Asian Business & Management, 19, 86-117.などの論文を発表。第7章執筆。

小川 高子 （おがわ たかこ）

パナリット株式会社 共同創業者CEO。新卒でワークスアプリケーションズに入社。Google Japanに転職後は採用・人材開発業務に従事し、2015年よりGoogle 米国本社にてStrategy & Ops部における Sr.プロジェクトマネジャーとして、Googleの全社的な人事制度改革、人事戦略業務に従事。2014年のAPAC People OperationsサミットでMOST INNOVATIVE & CREATIVE AWARDを受賞。第6章2節執筆。

トラン チー （Tran Chi）

パナリット株式会社 共同創業者COO。BCG・リクルート・Googleを通じ、データを軸とした意思決定プロセス構築・インサイト発掘・ソリューション開発に強みを持つ。リクルートでは草創期の海外事業のビジネスパートナーとして、11拠点の事業計画・KPI・オペレーション設計などの事業推進を支援し、当時最年少の幹部候補に選任。GoogleではマーケティングROIの効果検証プロセス設計・実行支援の他、感性（クリエイティブ）とデータを融合した新規ソリューション開発をリード。APAC地域のベスト5コーチにも選出。第6章2節執筆。

一般社団法人HRテクノロジーコンソーシアム

HRテクノロジー活用と人的資本開示の普及啓発のため、法人会員と共に政・学・官のオープンな連携、業種業態を超えて中立的な調査研究、各種セミナー、教育等を行う団体。日本企業が世界で戦うために極めて重要なHRテクノロジー・人的資本経営・開示関連市場の成長につながる活動を推進している。対象分野は、HRテクノロジー、人的資本開示、HRデータ分析、人的資本経営の実践、人的資本領域のAI活用、エンゲージメント、経営視点からの人的資本経営、健康経営、人材開発×HRテクノロジー、採用領域のAI活用等多岐にわたる。

戦略的人的資本の開示 運用の実務

2022年11月10日　初版第1刷発行

編　　者 —— 一般社団法人HRテクノロジーコンソーシアム
発行者 —— 張 士洛
発行所 —— 日本能率協会マネジメントセンター
〒103-6009 東京都中央区日本橋2-7-1　東京日本橋タワー
TEL 03(6362)4339（編集）／03(6362)4558（販売）
FAX 03(3272)8128（編集）／03(3272)8127（販売）
https：//www.jmam.co.jp/

装　　丁 —— 重原 隆
本文DTP —— 株式会社森の印刷屋
編集協力 —— 根本 浩美（赤羽編集工房）
印　刷　所 —— 広研印刷株式会社
製　本　所 —— 株式会社三森製本所

ISBN978-4-8005-9051-0 C2034
落丁・乱丁はおとりかえします。
PRINTED IN JAPAN

経営戦略としての人的資本開示
HRテクノロジーの活用とデータドリブンHCMの実践

一般社団法人
HRテクノロジーコンソーシアム 編

A5判216ページ

「人への投資」を積極化して企業価値向上を目指す経営者、人的資本開示の実務を担う担当者、開示情報を投資判断に使う投資家などを対象に今必要な情報を体系的に整理。

ジョブ型人事制度の教科書
日本企業のための制度構築とその運用法

柴田 彰
加藤守和 著

A5判224ページ

「ジョブ型は成果主義のことだ」などとの誤解があるジョブ型人事制度。「処遇は職務の価値によって与えられる」ことを根底に、制度設計から評価法、運用法などの実務を専門家が詳述。

日本版ジョブ型人事ハンドブック
雇用・人材マネジメント・人事制度の理論と実践

加藤守和 著

A5判216ページ

ジョブ型を導入する現場では「職務記述書」と「職務評価」の運用がカギとなる。その具体的な取組み方や基幹人事制度および人材マネジメントへの活用法を丁寧に解説。制度導入・運用の手引きに使える。

エンゲージメント経営
日本を代表する企業の実例に学ぶ人と組織の関係性

柴田 彰 著

四六判264ページ

「会社は社員が期待する事を提供できているか?」「社員が仕事に幸せを感じて意欲的に取り組めているか?」こうした答えを導くための実践法を先進企業の事例から読み解く。

日本能率協会マネジメントセンター